OSHO
瞑想録
静寂の言葉

季節社
KISETSU-SHA

Original English title: Words from a Man of No Words

The material in this book is selected from various talks by Osho given to a live audience over a period of more than thirty years. All of the Osho's talks have been published in full as books and are also available as original audio recordings. Audio recordings and the complete text archive can be found via the online OSHO Library at www.osho.com/Library.

Japanese translation rights arranged with OSHO International Foundation through Tuttle-Mori Agency, Inc., Tokyo

目次

序

群衆はいつも、雑多でゴチャゴチャしている。だが、雑多でゴチャゴチャした個人というのはいない。それぞれの個人は、真正な気づきのある意識だ。彼が群衆の一部となるとき、彼は気づきを失う。そして彼は、集団的で機械的な思考《マインド》に支配されてしまう。私が取り組んでいるのはシンプルなことだ。――個人を群衆から引っ張り出して、個《インディビジュアリティ》としての本性と気高さを彼に与えること。

私は、この世界にどんな群衆も望んでいない。宗教の名のもとに集まろうが、国家の名のもとに集まろうが、民族の名のもとに集まろうが、そんなことは関係ない。こうした群衆は醜い。群衆は、世界中で最悪の犯罪を犯してきた。なぜなら、群衆には、気づきがないからだ。群衆は、集団的な無意識だ。

気づきのある意識が、人を個にする。――風の中で踊る一本の松にする。太陽の光を浴びて栄光と美のなかにある一つの山の頂にする。一匹のライオンと何キロも谷間に響き渡るその凄まじく美しい咆哮にする。

群衆はいつでも羊だ。そして、過去のすべての努力は、それぞれの個人を、車輪の歯車に変えることと、死んだ群衆の死んだ部品に変えることだった。気づきがなく無意識的であるほど、そして集団に強く支配されるほど、彼は危険ではなくなっていく。実際、彼はほとんど無害になってしまう。彼は、自分の奴隷性を打ち破ることさえできない。

反対に、彼は自分の奴隷性を美化し始める。宗教、国家、民族、人種——彼はこうしたものの奴隷なのだが、これらを美化し始める。個としての彼は、どんな群衆にも属していない。すべての子供は個として生まれる。だが、個として死ぬ大人はほとんどいない。

あなたが生まれたときと同じように、無垢のまま、統合された状態のまま、個としてあるがまま、死を迎えられるように手助けをするのが、私の仕事だ。誕生と死の間で、あなたのダンスは、星に達するほどの意識的な孤高を保たなければならない。独りで、妥協なく、反逆的精神を持て。反逆的精神を持たない限り、あなたはどんな精神も持てない。他の種類の精神というのは不可能なのだ。

OSHO『反逆のスピリット』

OSHOの言葉

◇

思考《マインド》が知るとき、それを知識と呼ぶ。
心《ハート》が知るとき、それを愛と呼ぶ。
生命《ビーイング》が知るとき、それを瞑想と呼ぶ。

◇

本当に問うべきことは「自分とは何か？」ということだ。そして、それを知る唯一の道は、沈黙して、注意深く、気づきを保つことだ。自分の思考を、見守りそして消し去るのだ。いつの日か、あなたはすべてが静寂のなかにあり、思考のつぶやきすらないことに気づくだろう。すべてのものが止まっている。まるで時間が止まったかのように。そして突如、あなたは長い長い夢から目覚める。悪夢から目覚めるのだ。

あなたを救える扉は一つしかない。そして、その扉はあなたの中にある。自分自身の中に飛び込んで、存在そのものへと入り込むのだ。その瞬間、あなたはすべてとの凄まじい一体感を感じることだろう。

◇

あなたは、もはや孤独ではなくなる。もはや独りでもない。なぜなら、あなたではないものが、そこには何ひとつないからだ。あらゆる方向へあなたが広がっていて、ありとあらゆる形で現れている。木の中で咲いているのはあなただ。白い雲の中で動いているのもあなただ。海の中にも、川の中にもあなたがいる。動物たちの中にも、人々の中にもあなたがいる。

◇

私は新しいドグマや信仰や教義やイデオロギーを与えようとしているのではない。私の役割はまったく異なる。私の役割は、あなたが持つものをすべて取り除き、代わりとなるものを何も与えないことだ。

もし私が、石を取り除いて、別の石と置き換えるのだとしたら、最初に石を置いた者よりも私の方が有害だ。最初の石は古くなって、あなたはそれに飽きつつあった。石はあなたを豊かにしない。石が栄養を与えてくれるとでも思うかね？　重荷を運んでいるだけなのだから石を投げ捨ててしまった方が良いということに、少しずつあなたは気づきつつあった。

しかし、新しい石が与えられたら、新しい蜜月期が始まってしまう。この石こそは正しいかもしれないと、あなたは考えてしまうだろう。だから私は、あなたの信念体系を別のものと置き換えたりしない。驚くかもしれないが、私は単にそれを壊すだけだ。あなたが押し付けられてきたすべてのものを、私は壊したいのだ。それを他のもので置き換える必要などない。

創造性はあなたが本来的に備えている能力だ。私がそれを与える必要はない。障害物が取り除かれれば、あなたは自ずから成長して流れ出すように探求を始めることだろう。そうなればじきに強さと新しい力を得ることができる。自らなしたのほんの小さな発見でさえ、想像できないほど膨大な幸せを与えてくれる。ほんの小さな発見によってさえ、あなたは別の存在《ビーイング》に変わってしまう。いまや真実が自分の中に生まれたのだ。それはまだ種子に過ぎないかもしれないが、始まりが始まったのだ。

◇

どれだけの思考があなた自身に由来するのか数えてみて欲しい。たった一つでさえ自分自身に由来する思考がないということに驚くことだろう。すべて他所《よそ》に由来する借り物ばかりだ。他の人があなたに押し付けたか、愚かにもあなたが自分で自分に押し付けたのかどちらかだ。あなた自身のものは何もない。

◇

一つの基準を覚えておきなさい。本当に大切なのは、あなたが洞察したことだけであり、それを失うことはあり得ない。あなたが失うことを恐れて執着してしまうものは、大切なものではない。それは失われ得るからだ。それはあなたの体験ではないのだ。

◇

私が人々を洗脳しているという噂がある。それは違う。私は洗脳などしていない。だが、私が人々の脳を洗ってあげているというのは本当だ。ドライクリーニングまでしている！

◇

真新しく始めなさい。信念、ドグマ、信仰などの書き込まれていない真っさらな石板として。そうすれば真実が何かを見つけ出せる可能性がある。その真実は、ヒンドゥー教でも、イスラム教でも、キリスト教でもない。それは、聖書にもコーランにもインドの聖典にも書かれていない。

あなたが見つけ出す真実というのは、どこにも書かれていないし、書くことができない。あなたは驚くことだろう。それを書き表すことは不可能なのだ。真実が言葉で表現されたことは、かつてなかったし、これからも決してないのだ。

◇

思考《マインド》はいつも「なぜ？」「何のため？」と問いかける。そして「何のため？」という問いへの答えのないものを、しだいにあなたは価値のないものと捉えるようになっていく。

このようにして、愛の価値は失われてしまった。愛にどんな目的がある？　愛があなたをどこかに連れて行ってくれるのか？　それによって何かを成し遂げられるのか？　どこかのユートピアかパラダイスに辿り着けるのか？　もちろん、こうした点では愛は役に立たない。愛は意味のある何かを目指すものではないのだ。

美の目的は何だろうか？　夕日を見て、あまりの美しさにあなたは茫然とする。しかし、愚かな者は「その意味は何だろうか？」と問いかける。あなたはその答えを持っていない。もしそれに意味がないのなら、なぜ美について声高に話すのだろうと考えてしまう。

美しい花、美しい絵、美しい音楽、美しい詩、これらは目的を持たない。これらは何かを証明する主張ではないし、何かを達成するための手段でもない。だが生きることを成り立たせているのは、このような目的を持たないものだけだ。

もう一度繰り返そう。生きることを成り立たせているのは、このような目的をまったく持たないものだけ、意味をまったく持たないものだけだ。意味を持たないというのは、どんな目的もなく、どこに到達するわけでもなく、どんな成果も得られないということだ。

これを言い換えれば、生きることはそれ自体が尊いということだ。

◇

私はどんな天国も約束しない。いつの日かあなたに天国が与えられるなどということはない。あなたは与えられるべきものをすでに受け取っている。

——それはあなたの人生のことだ。人生に愛情を持ち敬意を表しなさい。

◇

世界中で奇跡が起こっている。かつて一度も生きたことのない者たちが死んでいく——そんなことが起こり得るだろうか⁉　しかしそれは毎日起こっている。多くの者が、死ぬ間際にそのことに気づいてこう言う。「なんということだ、初めて気づいた。私はこれまで生きてこなかった。人生を無駄にしてしまった！」

何のために生きる？　愛するため、楽しむため、忘我の喜びのため。そうでなければ、そもそもなぜ生きる？

◇

生きることを尊重し崇拝しなさい。生きることより尊いものはない。生きることより神聖なものはない。

◇

存在そのものは意味を持たない。意味が欠けているということではなく、意味と存在とは単に関係がないのだ。存在は、何かを達成しようとしているのではなく、どこかを目指しているのでもない。シンプルにそれはただ在る。

◇

意味というのは目的志向だ。何かの目標、何かの達成を狙っている。意味にまつわる問題は、思考《マインド》によってもたらされたものだ。

あなたの内で起こるあらゆる疑問の原因は、思考《マインド》にある。思考《マインド》は、あるがままの物事の中で落ち着いて安らぐことができない。それはもともとそういう性質なのだ。

◇

ニセモノの宗教は、思考《マインド》を規律に従わせようとする。本物が最初にやるべきことは、思考《マインド》を脇に置くということだ。それはとても簡単だといえる。

思考《マインド》を規律に従わせるのはとても難しい。対象へ集中することを課しても、思考《マインド》は反乱を起こして、昔の習慣に戻ってしまう。あなたが引っ張れば、それは逃げ出す。あなたが思考《マインド》を、集中の対象に戻そうとしても、そのとたんに別のことを考え出す。あなたは何に集中していたのか忘れてしまう。それは簡単なことではない。

しかし、脇に置いておくというのはとても簡単なことだ。少しも難しくない。あなたがやるべきことは見守ることだけだ。あなたの思考《マインド》の中で何が起ころうと、そのままにしておく。それを止めようと試みない。何もしない。何かをしようとすれば、それは規律を課すことになってしまう。

何もしないで、ただ見守るだけで良い。

◇

あなたが何もせずに見守るだけの観照者になると、思考《マインド》は消えていく。これが思考《マインド》の最も不思議なところだ。まるで光が闇を消し去るように、見ることが思考《マインド》を消し去る。すべての考え、すべてのガラクタが追い散らされる。だから瞑想というのは、ただ見守ること、気づくことだ。それは覆い隠されていたものを露《あら》わにする。それは何かをつくりだすのではない。何もでっち上げずに、単にそこにあるものを明らかにする。

では何がそこにあるのか？　無限の空《くう》、凄まじい美、静寂、満ち溢れる光、芳《かぐわ》しい香り。あなたは神の国、天国へと入ったのだ。私の言葉では、これを敬神という。

一度そこに入れば、出てきたときにあなたは完全に新しい人物、新しい人間になっている。いまやあなたは本来の顔をしている。すべての仮面は消え去った。そして、同じ世界にいながら、同じ生き方ではなくなる。同じ人々に囲まれていても、あなたの態度や接し方は変わっている。あなたは泥水の中で汚れのない美しい花を咲かす蓮のような生き方をする。宗教とは、内なる蓮の花を見つけることなのだ。

私の宗教的な取り組みのすべては、あなたを、あなた自身へと返すことだ。

あなたは盗まれている。覆い隠されている。あらゆる方法で飼い慣らされ条件付けられている。あなた自身へと至るすべての扉は閉ざされてしまった。

私の仕事のすべては、あなたの中に扉と窓をつくることだ。そしてもし私がすべての壁を取り払い、あなたのために広い青空だけを残すことができたなら、そのときあなたは宗教とは何であるかを知るだろう。

◇

友情はこの世界から消えてしまった。愛が消えてしまったのと同じように。友情が可能であるためには、裸のあるがままの姿でなければならない。人々が期待する姿ではなく、あるべき姿でもなく、あるがままの姿でなければならない。二人が、あるがままの姿を互いに開示するとき、友情は育つ。

◇

仮面を捨て去る準備ができたのなら、二人は、宗教性への素晴らしい一歩を踏み出したことになる。愛や友情のように、あなたが仮面を捨て去る助けとなるものは何であれ、あなたを宗教へと導くことになるのだ。

◇

探求には危険が伴う。それは未知の世界へ踏み入ることだ。そこで何が起こるか分からない。すべての慣れ親しんだものの、快適なものと別れなければならない。未知の世界では向こう岸に、何かがあるのかどうかさえ定かではない。そもそも向こう岸などないのかもしれない。

有神論にしがみつく人々がいる。もう少し知力と教養のある人々は、無神論にしがみついている。だが、どちらも疑念からの逃避だ。疑念から逃げることは、探求から逃げることだ。疑念とは何か？

それはただの疑問符に過ぎない。それは敵ではない。疑念は、あなたを探求へと誘うあなたの内の単なるクエスチョンマークだ。それはあなたの友達だ。

最初になすべきことは、自分自身になることだ。次になすべきことは、あなたが何者であるかを知ることだ。本来のあなたでありなさい。自然でありなさい。あなたの内の生命《いのち》の流れに、もっともっと気づくようにしなさい。

あなたの心《ハート》を打ち鳴らすのは誰か。

あなたの息の奥に潜むのは誰か。

◇

自己《セルフ》は、あなたに生まれながらに備わっている。自我《エゴ》は、あなたが蓄積してきたもの、あなたが達成したものだ。だが、自己《セルフ》は、存在という贈り物だ。それを得るためにあなたは何もしていない。あなたはそれを努力して獲得したのではない。それゆえ、あなたから自己《セルフ》を奪い取ることは誰にもできない。それは不可能だ。自己《セルフ》とはあなたの本来の姿、あなたの存在《ビーイング》そのものなのだ。

◇

◇

疑え！　本気で疑いなさい。あなたのすべてをかけた疑念は、あなたの手にする剣になる。それはあなたの周りに集まったすべての下らないガラクタを切り捨てる。疑念はガラクタを切り捨てるため、そして瞑想は自己を目覚めさせるためにある。

疑念と瞑想は同じコインの裏表だ。なぜなら、ガラクタを背負わされたままでは、あなたは目覚めることができない。ガラクタに埋もれて、あなたは眠り続ける。あなたを眠らせたままにすることが、ガラクタの役割なのだ。

◇

惨めさは、いつもそこにあった。だが、その惨めさに気づくことは新しい展開であって、それはあなたの変容の始まりなのだ。あなたが何かに気づけたのならば、それを変えるために何かできるかもしれない。

人々は惨めに生きてきた。惨めさを人生の一部として、運命として、受け入れてきた。誰もそれを疑問に思わなかった。誰もそれはなぜかと問わなかった。

◇

真実について、極めて重大なことがある。あなたがそれを見つけない限り、それは決してあなたにとって真実にならないのだ。他の誰かの真実を借りてきたのだとしたら、それはもはや真実ではない。借りてきたという、まさにそのことによって、それは偽りになってしまうのだ。

◇

肯定に辿り着くためには、否定から始める必要が常にある。「ノー」から始めるのだ。あなたの人生で一つの「イエス」を見つけるためには、千回「ノー」を言わなければならない。たくさんの人々のせいで、あなたの人生は台無しにされてきた。そうした人々すべてに「ノー」を言わなければならない。千回の「ノー」の後でおそらく、あなたは「イエス」と言える自己を見つけることができるだろう。

◇

宗教家は世界一のペテン師だ。他のペテン師たちは、ちっぽけな犯罪者に過ぎない。騙すといってもたかが知れている。しかし、聖職者、預言者、救世主、神の化身、救済者、彼らはとんでもないペテン師だ。

彼らは、かつて誰も見たことがなく、これから先も誰も見ることのないものを、売りつけてきたのだ。

◇

何をするときも、何を考えるときも、何を決めるときも、次のことを思い起こすように。その声の出どころはあなたなのか、それとも他の誰かが話しかけているのか？

声の出どころが分かれば、あなたは驚くことだろう。それはあなたの母親かもしれない。彼女が話しかけるのをあなたは再び聞く。それはあなたの父親かもしれない。何の困難もなくあなたはそれを聞き分ける。その声はまだ残っている。初めて話しかけられたときとまったく同じように、その忠告は、要求は、躾《しつけ》は、命令は、あなたの内に記録されている。

◇

自我《エゴ》というのは、教育、風習、文明、文化、学校、大学などを通してあなたが蓄積してきたもので出来ている。いまもあなたはそれを蓄積し続けている。それはあなたが苦労してつくってきたものだ。あなたは自我《エゴ》をこんなにも大きなものにつくりあげたので、本当の自分を完全に見失ってしまった。

◇

あなたの内で響く声を捨ててしまえ。そうすればじきに、静かで小さな声が聞こえてくるだろう。あなたがかつて耳にしたことのない声だ。あなたは驚くことだろう。それが誰の声であるか、あなたには判断できない。その声の主はあなたの母親ではなく、父親でもない。宗教家の声でも、教師の声でもない……。突然、あなたには分かる。それはあなたの声なのだ。声の主を見つけることができなかったのはそのためだ。

それはいつもそこにあった。しかしそれはとても小さく静かな声だった。あなたが小さな子供で、その声がとても小さかった頃に、それは抑圧を受けた。まだ芽吹いたばかりだったのに、その芽はガラクタの山で覆い隠されてしまった。あなたはいまでもガラクタを背負い続けている。あなたは自己の生命《いのち》の芽を忘れてしまった。しかしその芽はまだ生きている。あなたに発見されるのを待っている。

あなたの声を見つけなさい！　そして恐れることなくその声に従いなさい！　それがどこに導くのであろうと、そこにあなたの人生の目的があるのだ。そこにあなたの運命があるのだ。充実感や幸福感はそこでしか見つからない。そこでしかあなたの花は咲くことができない。そして花咲くことによって、悟りが起こるのだ。

一度でも真実を聞いたのなら、それを忘れることは不可能だ。真実の特性の一つは、それを覚える必要がないということだ。

◇

嘘は忘れないように、いつまでも覚えておかねばならない。嘘つきは記憶力を必要とする。真実の人に記憶力はいらない。真実だけを口にするのならば、それを覚えておく必要はない。しかし、嘘をついたら、それをいつまでも覚えておく必要がある。ある人にある嘘を、別の人に別の嘘を、また別の人にまた別の嘘をついたとしたら、誰に何を言ったのか、それぞれを覚えておかなくてはいけなくなる。嘘について質問を受けたときは、また嘘の返事をしなければならない。それは続いていく。嘘の産児制限はできないのだ。真実は禁欲的で子供をつくらない。真実は独り身だ。

真実をつかめるのは反逆者だけだ。そして反逆者であるには、危険な生き方を選ばなければならない。

◇ ◇

社会はこう言う。「便利で快適な生き方を選びなさい。踏みならされた道を選びなさい。あなたの先祖も、そのまた先祖も、さらにその先祖も歩いた、アダムとイブの時代から踏みならされてきた道を選びなさい。この道は確かで間違いのないものです。これまで無数の人がこの道を歩いたのだから、あなたもこの道を行きなさい。」

しかし、忘れてはいけない。群衆が真実に辿り着いたことなど、かつて一度もないのだ。真実は、個としてある者にしか見つけることができない。

◇

あなたの内に何の疑問も答えもなくなって、ただ空っぽになってここに座ることができた日に、あなたは故郷へと帰ることができる。無知から、無垢へと、帰ることができる。

危険な生き方をするのならば、便利で、快適で、世間体《せけんてい》がよく、社会的に承認されて、名誉の得られるような選択肢を選ぶことのないように常に気をつけなくてはならない。あなたの心《ハート》の鐘を打ち鳴らすものを選ぶのだ。どんな結果になったとしてもやりたいこと、それを選ぶのだ。

◇

臆病者は、結果について考える。「もしこれを選んだら何が起こる？　どんな結末になる？」そうやって結果のことばかり心配している。真実の人は、結果のことなどまったく気にしない。彼は、この瞬間における行動だけを考える。彼はこう感じる。「これが心に響く。だからこれを行う。」その結果として起こるどんなことでも彼は歓迎する。決して後悔しない。真実の人は、自分自身に背くことを決して行わないから、後悔することがないのだ。

◇

私はあなたに、限りなく自己を尊重することのできる、分裂していない本物の個人になれと教えているのだ。

◇

個性《パーソナリティ》については問題がある。個性というものは、他のものと溶け合うことができないのだ。それは、愛や、瞑想や、友情と溶け合うことができない。なぜならば個性とは、社会が個人に与える薄っぺらい仮面だからだ。これまでどの社会もあなた達を欺いて、個性へとあなた達の注意を引きつけてきた。まるで個性《パーソナリティ》が、個としての《インディビジュアリティ》本性であるかのように欺いてきた。

個性というのは、他人によって与えられるものだ。個としての《インディビジュアリティ》本性は、あなたが生まれながらに持っているもの、あなた自身の本来の姿だ。誰かがあなたに個としての《インディビジュアリティ》本性を与えることはできないし、奪い取ることもできない。

個性は与えられるし、奪われることもある。だから、個性をあなた自身と同一視していると、あなたは個性を失うことを恐れるようになってしまう。そして、そこを超えたらあなたが溶けていくような境界線で、個性は引き返してしまう。個性は、自分の知っている限界を超えることができない。個性は薄っぺらい押し付けられた表層《レイヤー》に過ぎない。深い愛の中では、それは蒸発して消えてしまう。偉大な友情の中では、それはどこにも見つからない。魂のどのような交流においても、個性の消滅ということは絶対だ。

個性を自分自身と同一視してしまうのは、あなたはこれこれだと、両親や先生や仲間や友達に言われ続けてきたからだ。彼らが、あなたの個性の鋳型を形づくってきた。そして彼らは、本当のあなたとは違う形、あり得ない形をつくってしまった。あなたはその個性の中に、惨めにも閉じ込められている。

あなたは牢獄に閉じ込められているようなものだ。しかしあなたはそこから出ることを恐れてもいる。あなたは個性以上のものを自分が持っていることを知らない。これはちょうど、着ている服のことを自分だと思い込んでいるようなものだ。そうすると当然、裸になることを恐れるようになる。服を脱ぎ去ることが怖いだけではない。服を脱いだら、もはやそこには誰もいなくなってしまうのではないか、空虚だけしか残らないのではないかという恐怖がある。あなたの中身は空洞で、服だけがあなたの形を保っている。あなたが個性を手放すことを恐れるのも当然だろう。

◇

あなたは驚くことだろう。その重荷を降ろすことができたとき、あなたは翼を広げることができる。そして、あなたのことをずっと待っていた広大な存在の中をゆくことができる。

◇

もしあなたの言葉に心が込められているのなら、強調すべき点が自ずから強調される。手で何かを伝えなければならないときには、あなたがそうしなくても、手が自然にそれを伝えてくれる。目で表現するべきときには、目にそれが自ずと表れる。あなたがそれを表そうとしなくて良い。さもなければ、すべてが見せかけだけのニセモノになってしまう。

◇

危険な生き方をするということは、快適さ、便利さ、社会的地位といったバカげた条件を、あなたと人生との間に置かないということだ。そうしたものはすべて捨ててしまえ。そして人生を起こるがままに受け容れるのだ。人生の道を行くときは、高速道路を走っているかどうかなんて気にするな。最後にどこに辿り着けるかも気にするな。本当に生きている人間は、ほんのわずかしかいない。99.9パーセントの人は、ゆっくりと自殺をしている。

覚えておくべきことがある。これは極めて重要なので決して忘れてはいけない。観照と共に生きるのだ。歩いているときも、座っているときも、食べているときも、何をしているときも、あるいは何もしていないとき、息をしているだけ、休んでいるだけ、芝生の上でリラックスしているだけのときでも、あなたがそれを見守る観照者であることを決して忘れてはいけない。

だがあなたは何度も何度も忘れてしまうことだろう。何かの考え、気分、感情、感傷などに流されて、見守ることから引き離されてしまう。そのたびにあなたが観照者であることを思い出して、そこに戻りなさい。

◇

観照というのは、何かの行動ではない。夕日や雲を眺めるように、あるいは街を行く人々を眺めるように、思考や、空想や、悪夢が行き来するのをただ見守るだけだ。気に掛かるもの、どうでもいいもの、意味の通るもの、矛盾したもの、あらゆるものが行き来するのを見守る。いつもラッシュアワーのようだ。それに巻き込まれないように横に立って、ただ見守るのだ。

◇

自我《エゴ》というのは、単なる間違いだ。2＋2＝5が間違いなのと同じだ。同じように、あなたが内面に向かって真の自己を探し始めれば、あなたは2＋2が5ではなく4であることを知るようになる。何かを捨て去る必要はない、しかしあなたの中で何かが消える。これまであなた自身であるかのように見せかけてきたもの、あなたの人生を破壊してきたもの、すべてを混乱させていたもの、それはもう見つからない。

◇

覚えておいて欲しい。あなた以外の人はあなたの足枷《あしかせ》とはなっても、あなたを救うことはできない。あなたを救えるのはあなただけだ。その救いとは、他の人をあなたの足枷とするのを止めることだ。鎖をどんどん重くするのを、壁をどんどん高くするのを止めるのだ。

あなたの救世主はあなた自身だ。

観照は、匠の技でも名人芸でもない。それはちょっとしたコツのようなものだ。忘れてはいけないのは、あなたの内を流れる川で溺れてはいけないということだけだ。溺れるとはどういうことか？もしあなたが忙《アクティブ》しく動き回るようになったとしたら、あなたはすでに溺れている。

◇

動き回らず、受け身の姿勢で、何もせずにいる。ただ注意深くある。「怒りが通り過ぎて行くが、私は何もしない。通り過ぎるままにしよう。さようなら」という具合だ。何かの考えが通り過ぎて行くときは、それが良いものでも悪いものでも、気にしない。あなたは、見守ることにだけ気を配っていれば良い。その考えに名前を付けたり、非難したりもしない。そういうのも行動の一種だからだ。

◇

それはあなたに関係ないことなのだ。欲望が通り過ぎるときは、通り過ぎるままにする。怒りが通り過ぎるときも、通り過ぎるままにする。それに干渉しようとするあなたは何者だ？　どうしてそんなにも思考《マインド》と同一化しているのだ？　なぜあなたは「私が欲している、私が怒っている」と考え始めるのだ？　怒りの思考が通り過ぎて行くだけではないか。通り過ぎるままにしなさい。それを見守るだけだ。

◇

話さないというだけでは沈黙ではない。声に出して何も喋っていないとしても、内側では千と一つの考えが行き来している。思考の流れが、いつまでも途切れることなく続いている。

◇

傷は、覆い隠しても治らない。宗教は治療だ。瞑想を意味するメディテーションの語源は、医学や薬を意味するメディスンの語源と同じだ。医学が身体に対して行うのと同じことを、瞑想は魂に対して行う。

◇

医学は身体を治療する。瞑想はあなたの生命《ビーイング》を治療する。それは内面のための薬なのだ。

覚えておきなさい。あなたの体験したことだけが、あなたのものだ。あなたが悟ったこと——それだけをあなたは知っている。

◇

信じ込んでしまったら、真実を見つけ出すことは決してできない。あなたの見つけるすべてのものが、信念の投げる影に過ぎなくなる。それは真実とは違う。真実があなたの信念に従うだろうか？　徹底的に疑いなさい。疑うことは浄化のプロセスなのだ。疑いは、思考《マインド》からすべてのゴミを取り去ってくれる。それはあなたを再び無垢にする。親や、宗教家や、政治家や、教師によって、ダメにされてしまった子供、その子供をあなたは再び見つけなくてはいけない。そこがあなたのスタート地点なのだ。

◇

◇

私にとって、自然な本性との完全な調和は、何よりも素晴らしい奇跡だ。朝、それと共にいる。夜もそれと共にいる。嬉しいときそれと共にいる。苦しいときもそれと共にいる。それと共に生き、それと共に死ぬ。どんな瞬間にも、自然な本性と異なる自分でいることがない。

このような完全な一致、絶対的な一致が、宗教的な人間を生む。

◇

「宗教」という言葉を理解しなくてはならない。この言葉は重要だ。これが意味するのは、部分をまとめて一つにするということ、それゆえ部分がもはや部分ではなくなり全体となるということだ。「宗教」という言葉の根本の意味は、部分がもはや部分ではなくなり全体となるような仕方で、物事を統合するということだ。それぞれの部分が全体となる。一体感を持つ。離れ離れにされていた部分は死に、一つに合わさった新しい質が生まれる。全体性という質だ。この質をあなたの人生にもたらすことが宗教の目的だ。

宗教は、神や悪魔とは関係がない。しかしこの世界において宗教は、その性質、基本構造を変えてしまった。それは、人間を一つに統合する科学として機能してこなかった。通常、あなたは複数だ。群衆だ。宗教はこの群衆を一つの全体に溶け合わせる。あなたの内のすべてが、あなたの内の他のすべてと調和しながら機能し始める。そこに対立はない。分裂はない。争いはない。高い者も低い者もない。あなたは一つの調和した全体となる。

世界中に広まっているニセモノの宗教のせいで、人類は「宗教」という言葉の意味さえ忘れてしまっている。

◇

すべての古い宗教において、神という概念は、恐れからきている。それは慰めであるに過ぎない。その他の点では、神の存在には、妥当性も証拠も証明もない。神を信じる人々は、実際のところ自分自身を信じられない人々だ。彼らは立派な父親像を必要としてるのだ。

◇

私は救世主ではない。私はどんな希望も与えない。そして、このことをどうか覚えておいて欲しいのだが、他の誰かがあなたを救うということもあり得ない。救いを誰かに求めること自体が間違っている。あなたを縛り付けているのは、あなたがつくった鎖だ。どうして私があなたを自由にできる？自分の鎖を捨てなさい。そして自由になるのだ。

あなたは自分の鎖にしがみついてる。それなのに、私に救いを求める。バカげたことだ。惨めさや苦しみの原因はあなたなのに、そこからの解放を私に求めている。そしてあなたは、同じ種子を蒔き続けている。何も変わらないまま、苦しみの原因に水を与え続けている。誰があなたを救済できる？それに、なぜあなたを救ってやらなければいけないのだ？　あなたを救うことは私の責任ではない。いまある姿のあなたをつくりあげたのは私ではない。あなたがあなたをつくりあげたのだ。

◇

我々の存在《ビーイング》のどんな一隅についても、未知のまま暗闇のままにしてはいけない。我々はあらゆるところに光をもたらさなくてはいけない。それが起こらない限り、あなたは惨めさの中にいる。苦悩の中にいる。あなたの信念は救いにならない。あなたの信仰は救いにならない。

◇

光がそこにあれば、暗闇は消える。暗闇が逃げ去るのではない。暗闇という存在は、そもそもない。それは光の不在に過ぎない。

自我《エゴ》は暗闇に似ている。自我《エゴ》は、それ自体で存在するものではない。それは気づきの不在であるに過ぎない。だから私は、自我《エゴ》を捨て去れとは言わない。それを見なさいと言う。注意深くありなさい。それを観察しなさい。そうすれば、それをいくつもの層《レイヤー》の中に見つけて、驚くことだろう。

◇

ニーチェは言う。「木のてっぺんに辿り着き、そこに咲いた花を理解できるようになる前に、あなたは木の根の深さに達しなければならない。なぜなら秘密はそこにあるからだ。深く根を張るほど、木は高くまで行ける。」

したがって、宇宙意識――究極の蓮、蓮の楽園――について理解したいというあなたの望みが強くなれば、あなたは真っ暗な地下の最も深くにまで根を降ろさなくてはいけなくなる。

そのための道は一つしかない。それは、瞑想と呼ばれる。気づきとも呼ばれる。観照とも呼ばれる。すべて同じことだ。まずは、あなたの意識的な思考《マインド》と、その内側において何が起こっているのかについて、注意深くありなさい。それは美しい体験だ。とても愉快で、素晴らしい光景が見れる。

◇

私が少年時代を過ごした町には、有声、無声に関わらず映画はなかった。映画館がなかった。いまはあるが、私が子供の頃にはなかった。あったのは、ときどき町を訪れるさすらいの男が持っていた大きな箱——なんという名前か知らないが——それだけだった。その箱には小さな窓がある。男がその窓を開けて、あなたは中を覗き込む。男がハンドルを回すと、箱の中のフィルムが動く。そして男が、そこで何が起こっているのかを物語るのだった。

他のものは忘れてしまったのだが、一つだけ、ある理由で忘れられないものがある。私の村を訪れたすべての箱にそれが含まれていたというのが、その理由だ。料金は安かったし、時間も五分程度と短かったので、私はすべての箱を覗いた。それぞれの箱には別のフィルムが入っていたが、いつも一枚の同じ絵が含まれていた。ムンバイの裸の洗濯女だ。なぜすべての箱にその絵が入っていたのだろう？　とても太った裸の女、ムンバイの裸の洗濯女。それはいつも登場した。おそらくいい客寄せになったのだろう。人々はその裸の洗濯女のファンだったのかもしれない。ただ、彼女は実に醜かった。それになぜムンバイ出身なのだろう？

さて、あなたが見つめることを始めたとしよう。時間のあるときに、ただ静かに座って、あなたの思考《マインド》の中を通り過ぎるものを見つめることを始めたとしよう。そのときに、評価をする必要はない。もし評価をすれば、思考《マインド》はあなたに従って即座に場面を変えてしまう。思考《マインド》はとても繊細で移ろいやすい。もしあなたが評価をしていると思考《マインド》が感じたら、それは良いものだけを映し始める。そうしたら、ムンバイの裸の洗濯女は映し出されない。その絵は飛ばされてしまう。だから評価をしてはいけない。そうすれば必ずその絵が表れる。

評価をしないこと。どんな非難もしない、どんな感謝もしない。気に掛けずにいること。何が起ころうとも、それを見つめたまま、ただ静かに座りなさい。

◇

思考《マインド》は、誇張しやすい。それは誇張を楽しんで、なんでも大げさに、両方向に拡大する。ほんのわずかな痛みで、大騒ぎをする。ほんのわずかな苦しみで、世界一の苦しみをつくりだす。ほんのわずかな喜びで、あなたは世界の頂点まで昇って、あなた以外の誰も喜びが何であるかを知らないと考える。あなたが誰かに恋をしたら、こう考える。「こんな恋はかつて誰も経験したことがなかったし、これからも誰にも起こらない。この恋は特別だ!」

これはあらゆるところで起っている。誰もが「これは特別だ!」と考える。思考《マインド》はすべてを大げさにする。すべてを拡大する虫めがねだ。そしてあなたは、それを信じてしまう。

◇

思考《マインド》は社会の一部だ。それは存在の一部ではない。だから、思考《マインド》は成長のために社会を必要とする。社会が発展するほど、思考《マインド》は発達する。

聖書だけが埃《ほこり》をかぶる。プレイボーイ誌は埃をかぶらない。誰が聖書を手に取りたがるのかね？

◇

◇

宗教はこれまで、安楽で便利な生き方を与えてきた。しかし、あなたが危険な生き方を決断しない限り、自分自身を探し出すために暗闇の中に飛び込む覚悟をしない限り、あなたは生きることができない。

そして断っておくが、あなたに答えを見つけ出すことはできない。これまでに答えを見つけ出した者は誰もいない。すべての答えは嘘なのだ。そう、あなたは現実《リアリティ》を見つけることならできる。しかし現実《リアリティ》は、あなたの疑念への答えではない。現実《リアリティ》は、疑念の消滅だ。あなたの疑念が消えて、それに答える余地もなくなったとき、その場所にはただ神秘がある。

◇

私は信仰を信じない。これをまず理解しなくてはいけない。誰も私に「太陽の存在を信じるか？月の存在を信じるか？」とは尋ねない。誰もそんな質問はしない。何百万もの人々に出会って、三十年間に数千もの質問にずっと答え続けてきた。だが「バラの花があると信じるか？」と尋ねた者は誰もいない。その必要がないからだ。ただ見ればいい。バラの花がそこにあるのか、それともないのか。事実ではなくフィクションだけが、信仰を必要とする。

◇

信仰というのは、心地よくて、都合よくて、感覚を鈍らせる。それは麻薬のようなもので、あなたをゾンビにしてしまう。ゾンビはキリスト教徒かもしれない。ヒンドゥー教徒かもしれない。イスラム教徒かもしれない。だが名札が異なるだけで、すべてゾンビだ。ときどき彼らは一つの名札に飽きて、名札を取り換える。ヒンドゥー教徒がキリスト教徒になり、キリスト教徒がヒンドゥー教徒になる。新しい名札、新鮮な名札。だが、その名札の下にあるのは同じ信仰の体系だ。

あなたの信仰を壊してしまえ。当然それは、心地よくないし、不都合なものだ。しかし、価値のあるものはすべて、不都合さを抜きにしては得られない。

分裂していない統合された人物を、子供騙しのバカバカしい戦略で操ることはできない。「これを行えば天国に行ってそこで満足を得ることができる。これを行ったら地獄に落ちて永遠に苦しむ。」統合された人物は、こうしたナンセンスをただ笑い飛ばす。

彼は未来に恐れを持たないから、地獄をつくりだすことはできない。未来に対して貪欲でないから、天国をつくりだすこともできない。彼は保護を必要としていない。指導する者も、ここではないどこかへと連れ去ってくれる者も、必要としていない。目標も動機づけも彼は持たない。あらゆる瞬間が完全だから、この世か、あの世の、いつか来るはずの別の瞬間に、それが完全になることを待ったりしない。すべての瞬間が充実し、満ち足り、溢れ出している。そして彼が知っているのは、この美しい存在に対する、とてつもなく大きな感謝だけだ。

こうしたことを彼は語らない。なぜなら、存在は言葉を理解しないから。その感謝は、彼の存在《ビーイング》そのものなのだ。だから彼が何を行うにせよ、そこには感謝がある。彼が何も行わないとしても、たとえばそこに静かに座っているだけとしても、そこには感謝がある。

◇

◇

自分がどんな姿であるにせよ、その責任はあなたにある。もしあなたが惨めならば、それはあなたの責任だ。その責任を他の誰かに負わそうとしてはいけない。そんなことをしていたら、あなたはいつまでも自由になれない。もしあなたの惨めさの責任が私にあるのだとしたら、あなたはどうやって自由になろうというのだ？　私があなたを自由にしてあげるまで、あなたは自由になれなくなる。あなたの自由は私の手に握られてしまう。そして、私にそれを握ることができるのなら、他の誰かが握ることだってできてしまうだろう。

たとえそれがどんなに難しくて苦痛を伴うとしても、あなたが理解しなければいけないことがある。いまあなたに起きていること、かつてあなたに起こったこと、これからあなたに起こること、そのすべての責任はあなたにある。あなただけにある。すべての責任をあなたが完全に引き受けたとき、あなたは成熟したといえる。

ルールに従って生きる者は誰であれ、自分自身を破壊している。自分自身を毒している。なぜならそのルールは、あなたの決して行くことのないどこかで、あなたではない他の誰かがつくったものだからだ。あなたの場所ではない所で、あなたの時間ではない時に、それはつくられた。そうしたルールに従うことは、とても危険なことだ。あなたの人生を、その中心から、その基盤から、そらしてしまう。あなたは自分を間違った型に嵌《は》めてしまう。型に嵌まろうとする努力は、自分を間違って形づくり、醜くすることにしかならない。

◇

私は決して他人のゲームをプレイしない。私は自分自身のゲームをプレイし、自分自身のルールを創る。

◇

◇

目の見えない者だけが光を信じる。目の見える者は光を信じたりはしない。彼らは光を見るだけだ。

私は、あなたが何かを信じるようにとは望んでいない。私は、あなたに目を持って欲しいのだ。もし目を持つことができたなら、どうしてただ信じるだけの盲目状態に満足できるだろうか？

あなたは盲目ではない。たぶん目をずっと閉じているだけだ。おそらく、誰もあなたに、目を開けることができると説かなかったのだろう。

◇

私は普通の人間だ。他の人と変わりはしない。もし何か違いがあるとしたら、それは何か性質的な違いではなくて、洞察の違いだ。私は自分自身を知っているが、あなたは知らない。我々の在り方《ビーイング》に関する限りは、私は同じ存在に属し、同じ空気を吸っている。あなたも同じ存在に属し、同じ空気を吸っている。あなたはただ自分自身を知ろうと努力してこなかっただけだ。あなたが、あなた自身を知ったとき、私との違いは何もなくなる。

これはまるで、私が立って日の出を見ている隣に、あなたが目を閉じて立っているようなものだ。太陽は、私のためにも、あなたのためにも昇っている。それはとても美しく、とても色鮮やかだ。私のためだけでなく、あなたのためにもそうなのだ。しかし、太陽に何ができるだろう？　あなたは目を閉じたままなのだ。それが私との唯一の違いだ。これは大きな違いだろうか？　あなたが必要としているのは、肩を揺さぶられて「目を開けるんだ！　朝が来た。夜はもう終わったんだ！」と告げられることだけだ。

◇

科学が外側の客観的世界の真実を明らかにするのと同じように、宗教は内側の世界の真実を明らかにする。客観的存在に対して科学がするのと同じことを、宗教は主観性に対して行う。科学と宗教の方法は、まったく同じだ。科学はそれを観察と呼び、宗教はそれを気づきと呼ぶ。科学はそれを実験と呼び、宗教はそれを体験と呼ぶ。

科学は、実験を行うときに、思考《マインド》の内に先入観をまったく持たないこと、信仰をまったく持たないことを要求する。あなたは開かれており、受け容れの用意ができていなければいけない。あなたが現実《リアリティ》に何かを押し付けるのではない。現実がどのようなものであろうと、あなたにはそれを受け容れる用意ができてなければならない。もし現実があなたのすべての考えと対立するとしたら、その考えを捨て去らなければならない。現実の方を否定することは出来ない。科学的探求とは、現実のために思考《マインド》を危険にさらすことだ。現実のために思考《マインド》を脇にやるのだ。重要なのは現実であって、あなたの考えではない。あなたの考えは、正しいかもしれないし間違っているかもしれないが、それを決定するのは現実だ。あなたの思考《マインド》が、何が正しくて何が間違っているかを決めるのではない。

これと同じことが本物の宗教、科学的な宗教についてもあてはまる。

◇

未だ知られていない——まだ知ることのできない——潜在的な可能性《ポテンシャリティ》と共に、人は生まれる。本来の顔というのは、この世に生まれたばかりのときには、まだ覆い隠されている。人は、それを探し出さなければならない。それは発見しなくてはならないものであり、そのことは美しいことなのだ。

これが生命《ビーイング》とモノとの違いだ。モノは潜在的な可能性を備えていない。モノはいつまでもそのままだ。テーブルはテーブルであり、椅子は椅子のまま。椅子は他のモノに変容しない。そこに可能性はない。現実性しかない。モノは、何かの種子ではないのだ。人間はモノではない。そのことがあらゆる問題をもたらすのであり、あらゆる喜びをもたらすのでもある。そのことがあらゆる挑戦と、あらゆる障害をもたらす。

私は神を遠くへ追いやってしまった。だから、あの哀れな年老いた男を責めることはもうできない。彼はこれまで、あらゆることに関して責任を追求されてきた。彼が、世界をつくった、これをつくった、あれをつくった……。私はそうしたすべての責任を神から免除する。

神は存在しない。人々が神をつくったのは、ただ責任を彼に押し付けるためだった。あなたの責任を神から取り戻しなさい。

◇

宇宙があなたに、こうあって欲しいと願っている。だからあなたは、こうなのだ。宇宙はあなたが、こうあることを必要としている。さもなければ宇宙は、あなたではない別の人間を創っただろう。だから私に言わせると、あなた自身に背くことだけが、宗教に反する唯一のことなのだ。

◇

どんなときも無条件で自分自身でありなさい。ただ自分自身であること、そうするとあなたは宗教的になる。なぜならそれは健康的で、全一的であることだからだ。

◇

◇

あなたはこの世に、何も書き込まれていない真っ白い本としてやってきた。あなたはそこに自分の運命を書き込まなくてはいけない。そこに運命を書き込んでいるのは、あなた以外には誰もいない。他の誰があなたの運命を書くというのだ？　どうやって？　なんのために？　あなたはこの世に、多次元に開かれた潜在的な可能性《ポテンシャリティ》としてやってきた。あなたが運命を書かなければいけない。あなたが運命を創り出すのだ。あなたは自分自身にならねばならない。

人は、すでに出来上がった自己《セルフ》と一緒に生まれくるのではない。生まれたときには、人はまだ種子に過ぎない。そして人は、種子のまま死ぬこともある。しかしあなたは、花を咲かすこともできるし、大木に育つこともできるのだ。

◇

どうやって自分自身から逃げ出そうというのだ？　それを試みることはできる。だが、いつも自分がそこにいるのを見つけることになるだろう。木の陰や、山の陰に隠れることはできる。洞窟に隠れることもできる。だが、見渡してみれば、いつもそこにあなたがいる。自分自身から逃れてどこへ行けるというのだ？

◇

あまりに明白なことに、人は注意を払うことができない。あまりに近すぎるものは、見ることができない。見るためには、ある程度の距離が必要とされる。

最初に覚えておいて欲しいことは、人間の惨めさは、いまに始まったことではないということだ。人は常に惨めだった。惨めさは、ほとんど我々の第二の本性となった。その中で数千年も暮らしてきた。このような惨めさとの距離の近さが、それを見えなくさせている。そうでなければ、人間の惨めさはあまりにも明白なことだ。

明白なことを見るには、子供の目を必要とする。数千年も惨めさの中にいた我々の目は曇り、新鮮に物事を見ることができない。様々なことを当然のように受け入れているが、それがまさに惨めさの原因であることを忘れている。

博識になるのは取るに足らないことだ。経典があり、図書館があり、大学があるのだから、博識になるのはとても簡単だ。そしてもし、博識になってしまったのなら、気をつけなければならない。なぜなら自我《エゴ》は、単に博識になっただけでなく自分が知を得たのだということを——賢さを得たのだということを——信じたがるからだ。自我《エゴ》は、知識と賢さをすり替えたがる。あなたは、自分は知っていると信じ始めてしまう。

◇

あなたは何も知らない。あなたは本のこと、本に書かれていることしか知らない。おそらくその本はあなたと同じような人によって書かれた。99パーセントの本は、本しか知らない人間によって書かれている。実際のところ、10冊も本を読んだら、思考《マインド》がガラクタでいっぱいになってしまうから、11冊目の本を書いてそれを吐き出さなくてはならなくなる。それ以外の使いみちが何かあるだろうか？あなたは、自分自身を身軽にしなくてはいけない。

◇

◇

見ることは考えることではない。太陽が昇っているとき、太陽について考えていたら、それを見落としてしまう。考えている間にあなたは遠くへ行ってしまう。思考は他の何よりも速く動く。あなたは何キロメートルも遠くへ行ってしまう。

太陽が昇るのを本当に見ているのなら、それについて考えているのではないことは確かだ。そうでなければ見ることはできない。思考は、目を覆い隠すベールで、現実《リアリティ》が直接あなたに届くことを許さない。思考が自分の色や観念を押し付けてくるから、あなたは現実《リアリティ》から離れてしまう。

それゆえ哲学者は誰も真実を知ることができなかった。すべての哲学者は、真実について考えようとしてきたが、真実について考えるということは不可能なのだ。真実を知っているか、あるいは知らないか、そのどちらかしかない。もし真実をすでに知っているのなら、真実について考える必要などないし、もし真実を知らないのなら、真実について考えることはできるはずがない。哲学者が真実について考えるというのは、盲人が光について考えるようなものだ。目が開いているなら、光について考えるのではなく、光を見ることだろう。見ることは、考えることとはまったく違う。それは、瞑想の副産物として起こることだ。

◇

あなたの内で踊る生命《いのち》、息づく生命、活きている生命のもとにいなさい。その生命を知るためには、自分自身に近づかなくてはいけない。おそらくあなたは、様々なことを気に掛け過ぎているために、自分自身から遠く離れたところに立っている。あなたは故郷へと帰らなくてはいけない。生命のある限り、その尊さを忘れてはいけない。どんな一瞬も無駄にしてはいけない。

あなたは自分自身になることができるが、それ以外のものにはなれない。そして自分自身であるということは美しいことなのだ。何であれオリジナルは美しく、新鮮で、香り高く、活き活きとしている。模倣はいつも、つまらなく、退屈で、インチキで、味気ない。あなたは偽りの演技で、いったい誰を騙しているのだ？　あなた自身の他は誰も騙せていない。そして騙す目的はなんだ？　騙すことで何か得るものでもあるのか？

◇

自分自身について知る前に、まず自分自身であらねばならない。表面的な個性《パーソナリティ》を衣服のように脱ぎ捨てて、完全に裸にならねばならない。すべてはその一歩から始まる。それができれば二歩目を踏み出すのはとても簡単だ。

◇

◇

この手を動かすときに、まったく気づきのないまま動かすこともできるし、すべての動きを内側から完全に見つめながら動かすこともできる。この二つの動きはまったく異なる。最初の動きはロボットの動きで、機械的だ。二つ目の動きは、意識的だ。意識的であるときあなたは内側から手を感じる。意識的でないときには、外側から知るだけだ。

あなたは自分の顔について、鏡で見て外側から知っているだけだ。あなたはまだ観照者ではないからだ。観照を始めたら、自分の顔を内側から感じるようになる。自分自身を内側から見るというのは、なかなかの体験だ。ゆっくりと不思議なことが起こり始める。思考が消え、感覚が消え、感情が消える。そのときあなたの周りには静寂がある。あなたはまるで静寂の海の中に浮かぶ島のようだ。あなたの存在《ビーイング》の中心に炎の光があるかのように、観照者があなたの存在《ビーイング》全体を照らしている。

できるだけ控えめに低姿勢でいるようにと、あなたは言われ続けてきた。しかしなぜ？　こんなにも小さな人生で、なぜ控えめであらねばならない？

できるだけ高くジャンプしなさい。

できるだけ狂ったように踊りなさい。

◇

人生というのは、どこかの目的地に向かうものではない。それは朝の散歩のようなものだ。風に吹かれるままに、あなたの生命全体《ビーイング》が向かうところへ行きなさい。その道の続く限り行くといい。決してそこで何かを得ようなどと期待してはいけない。

私にとって不慮の出来事というのはない。何も期待しないからだ。意表を突かれることはないが、すべてが驚きに満ちている。そして、失望《ディサポイントメント》することがない。すべてが希望《アポイントメント》のままだ。もしそれが起こるのならば、それは良いことだし、それが起こらないのなら、それもなお良い。

◇

何度か転んで、傷つき、また立ち上がる。何度か道を間違える。――それは良いことだ。そこに害はない。自分が道を間違えたということに気づいたら、すぐ引き返せば良い。人生は、挑戦と失敗から学ばなくてはならない。

◇

罪という概念は、ニセモノの宗教が使うテクニックだ。本物の宗教は、それを必要としない。ニセモノの宗教は、罪という概念なしではやっていけない。それは、人々に罪悪感を植え付けるテクニックだからだ。

罪と罪悪感という戦略について理解しておく必要がある。人を心理的に奴隷化するには、罪悪感を与えなければならない。イデオロギーや信念体系によって、人を縛り付けることはできない。しかし、ひとたび罪悪感を思考《マインド》の内につくりだしたら、すべての勇気を奪い去り、すべての冒険心を挫くことができてしまう。それは、彼が自立した個となる生まれながらの可能性のすべてを抑圧してしまう。彼の人間的な可能性は、罪悪感によってほとんど殺されてしまう。もはや、彼が自立することは不可能だ。罪悪感を植え付けられた者は、救世主や、宗教的教義や、神や、天国や地獄といった様々なものに依存してしまう。

罪悪感を植え付ける方法は非常にシンプルだ。間違いや過失を、「罪」と呼び始めればいいだけだ。

◇

イエス・キリストは「悔い改めよ！　悔い改めよ！」と言い続ける。何についてだ？　アダムとイブが林檎を食べたことか!?

◇

罪というのはただ一つしかない。気づきがないということが罪だ。そして、気づきがないためにあなたは、あらゆる瞬間に罰を受けている。この他の罰はない。

何か他の罰が欲しいのかね？　あなたはすでに苦しみ、惨めさ、不安、苦悩の中にいる。このうえさらに地獄に投げ込まれることを望むのかね？　惨めさがまだ足りないのか？　地獄の方がここよりもマシだというのか？　いま以上のどんな罰がそこにあるのいうのだ？

気づきのない一瞬一瞬そのものが罰を伴っている。そして気づきのある一瞬は、それ自体が報いを伴っている。これは本質的なことであって、別々に切り離すことはできない。

何が正しくて何が不適切であるかを、それぞれの社会は教え続ける。しかし、不適切とされた行動を、やめさせることが社会にできるだろうか？　問題は、不適切だと社会の教えることのほとんどが、自然なことでもあるため、人々を惹き付けてしまうことだ。やってはいけないが、それをやるのが自然である。そこには、自然な性向への強い魅力がある。そのため社会は、自然な性向よりもさらに強力な恐れをつくりださなくてはならなくなる。こうして地獄がつくられた。

◇

子供が生まれた最初の日から、我々はその子の内に道徳心をつくりだそうとする。道徳心とは、あなたの内で、社会が望まないことを非難し続け、社会が望むことを称賛する部分のことだ。あなたはもはや全体ではない。道徳心が常にあなたに力を振るうから、あなたはいつも警戒していなければならない。神があなたを見ているというわけだ！　すべての行動、すべての思考を、神が見ている！

◇

気をつけないといけない！

思考の中でさえ、あなたは自由でない。神が見ている。いったい神というのは、どんな覗き魔なのだろうか？　すべての浴室、すべてのトイレを、神が鍵穴から覗いている。彼はあなたを独りにしてくれない、トイレの中でさえ……。

◇

道徳心《コンシエンス》と、意識《コンシャスネス》という二つの言葉を理解しなくてはいけない。意識は、あなたのものだ。道徳心は、社会があなたの意識に押しつけたものだ。

社会が異なれば道徳についての考えは異なるが、どんな社会であれ何らかの道徳心を押しつける。そしてひとたび意識に対する押しつけが行われると、あなたは自分の意識の声を聞けなくなる。その声は遠くへ行ってしまう。あなたと意識との間に、子供の頃から社会に押しつけられてきた道徳心という名の分厚い壁が立ちふさがる。その壁が、意識の声を遮断してしまう。

◇

何かを断念して捨てようとすれば、執着は以前よりもさらに強くなる。断念したものの周囲を、思考《マインド》がぐるぐると周りだす。

◇

抑圧というのは、自分の本性を敵として記憶することだ。自分の本性と戦い、それを殺そう、破壊しよう、超越しようとすることだ。そうしなければ、聖者にはなれないというわけだ。だが、自分の本性を超越するというのは不可能だ。それができた者は誰もいない。あなたがどこに行こうと、自分の本性から離れることはない。まあ、あなたは自分を傷つけることならできる。聖典に指示されているサイズに自分の手足を切り刻んだり、好きなだけ自分を拷問にかけて苦しむことならできる。しかし、自分の本性を超えることはできない。本性はすべてだ。それを超えた向こう側というのはない。向こう側も本性に含まれるのであって、その外側はない。

だから、自分の本性と戦う者は、決してそれを超えることができない。絶え間ない失敗のために、彼は惨めになり、心のバランスを崩し、精神的に狂ってしまう。そしてこのすべては、宗教家があなたを利用するのに好都合なことなのだ。宗教家の仕事はあなたを助けることだが、あなたを助けるよりも先に、まずは助けを必要とする状態にあなたを置かねばならないのだから。

◇

誰にも従ってはならない。自分の生命《ビーイング》に従いなさい。それが導くところなら何処へでも、恐れることなく、自由に行きなさい。

ひとたびあなたが真実を見たら、それに従うことしかできなくなる。しかしその真実は、あなたが見るのでなければならない。あなたが認識し、あなたが気づくのでなければならない。まずは、他人に従うのをやめることから始めなさい。

◇

もし自由を社会にくれてしまえば、社会はあなたが望むものを何でも与えてくれる。社会的な尊敬を与えてくれるし、ヒエラルキーや官僚制の中での高い地位を与えてくれる。しかしそれを得るためにあなたは、自分の自由を、個《インディビジュアリティ》としてあることを、引き換えにしなければならない。あなたは群衆の一部とならねばならない。群衆は、そこに属さない者をひどく嫌う。群衆の中の異質な者は、疑問符を突きつけてくるため、群衆はそうした者に対してひどく神経質だ。

あなたに言っておく。あなたが責任を負うのは、あなた自身に対してだけだ。そしてここに驚くべきことがある。自分自身の生命《ビーイング》に対する責任を果たすだけで、まったく考慮していなかったその他の多くの責任が、自ずと果たされていくのだ。

◇

人生は変容を必要としている。そして、変容というのは大変な大仕事だ。それは「イエス・キリストを信じて、聖書を何度も読めば、あなたは護られます」というような子供騙しではない。いったい何から護られるというのだ？　あなたが変容を遂げないように護られるだけだ！

◇

◇

宗教はセックスを非難してきた。食を楽しむことを非難してきた。音楽、美術、歌、踊り、あなたが楽しむすべてのことを、宗教は非難してきた。もし世界中の宗教が非難しているものを集めたら、人間の関わるあらゆることが非難されているのを見い出すだろう。非難を免れている余地など一ミリもない。

それぞれの宗教が、これを分担して行ってきた。もしあなたが人間のすべてを完全に非難したら、人々は単純に面喰らうだけだろう。バランス良く非難しないといけない。そうすれば人々は、非難によって罪悪感を感じるようになる。そして罪悪感から逃れるために、彼らはあなたの助けを求めるようになる。やり過ぎれば、人々はあなたから逃げ出してしまうか、あるいは海に飛び込んで死んでしまう。だから、非難し過ぎてはいけない。それではいいビジネスにならない。

神とは、我々の考える究極の独裁者、究極のアドルフ・ヒトラーに他ならない。

◇

◇

私が祈りに反対なのは、それが基本的にビジネスだからだ。祈りは、神に賄賂を贈ることだ。それは神の自我《エゴ》を強めることを望んでいる。「あなたは偉大です。あなたは哀れみ深いです。あなたは望むことを何でもできます。」しかも、あなたは何か欲しいものを得ようとしてそう言うのだ。

◇

存在することにおいては、最も小さな草の葉も、最も大きな星と同じだけの尊さと美しさを持っている。そこにヒエラルキーはない。より高い者も、より低い者もない。

◇

存在はとても寛大だ。いつも許していて、決して罰することがない。しかし、その存在に達するための道は、あなた自身の最も深い静寂を通る道しかない。

◇

影響を及ぼすということは、干渉するということだ。それは、不法侵入するということ、あなたの道ではない場所にあなたを引きずり込むということ、あなたがこれまで考えたこともないようなことをやらせるということだ。影響を及ぼすことは、世界で最も暴力的な行為だ。

　私は、誰かに影響を及ぼそうとしたことがない。もし、私の話や私の在り方のうちに、誰かが真実を見い出すことがあるとしたら、それはまた別の話だ。それは私が、彼に影響を及ぼそうと努力して行ったことではない。私の意図とは関係なく、彼が何かを見るのだとしたら、すべての責任は彼にある。

　イエスは人々にこう言った。「裁きの日には、私の羊を選び出し神に告げよう。『彼らは私に従った者たちです。彼らは救われるべきです。他の者たちは私とは関係がありません。』」裁きの日があるとして――そんなものは存在しないが、ただ議論のための仮定として――もし裁きの日があって自分に従った者たちを私が選び出さねばならないとしたら、そのとき私は自分の羊を一匹も見つけられないだろう。なぜなら私は、誰にも影響を及ぼしてこなかったからだ。あなたが誰かに影響を及ぼすとき、あなたは必ず羊飼いとなり、相手は羊となる。あなたは人間を羊に格下げして、その人間性を奪い取ってしまう。救いの名のもとに、相手を破壊してしまう。

　誰かに影響されてはいけない。誰かに心を奪われてはいけない。自分の目を向けて、見て、気づき、そして選びなさい。そして覚えておくように。責任はあなたにあるのだ。

決して誰かを傷つけてはならない。しかし、誰かがあなたを傷つけることも、決して許してはならない。これができて初めて我々は、人間性の豊かな世界を創造することができる。

◇

自分自身を尊重する者は、誰かに恥辱を与えることなどできない。なぜなら彼は、あらゆる存在《ビーイング》の背後に、木や石の背後にさえ、同じ自己《セルフ》が隠れていることを知っているからだ。それが石の中では眠り込んでいるかもしれないということは問題ではない。同じ存在が、異なる形をしているだけなのだ。

◇

自分自身を尊重する者は、突如として、自分が宇宙全体を尊重していることを見い出す。

◇

人生の全体性を感じて生きること、あらゆる瞬間が永遠となるくらい情熱的に激しく生きること、これが宗教の目指すべきところだ。そしてこれこそ私の教えてきたことだ。知恵の木の実を食べて、知者になりなさい。すべての無知や暗闇が、あなたから消えなくてはいけない。もっと意識し、もっと洞察を深め、もっと気づかなければならない。

これが私の教えてきたことだ。人生において永遠的なものを味わえるほどに、情熱的に、愛情深く、全体性と共に生きなさい。どんな瞬間でも、過去を忘れ、未来を忘れ、その瞬間を生きるとき、あなたは永遠の味を知ることができるのだ。

◇

アダムとイブは、何も大きな罪を犯していない。彼らはちょっと好奇心を持っただけだ。多少なりともセンスのある者なら誰でも彼らと同じことをしただろう。彼らが知恵の実を食べたのは、起こるべきことが起きただけのことだ。知ることに対する深い必要性が人間にはある。それは本能であって、罪ではない。

◇

あなたは生命と意識によって報われている。あなたの存在は独特なのだ。木々は生命を持っているが意識を持たない。動物たちは脳を持つが、気づきを持つことができない。人間は、あらゆる存在のなかで究極なのだ。

服従は最大の罪だ。あなたの知性の声を聞いて、正しいと感じることなら、それを行いなさい。あなたは服従しているのではない。自分の知性と共にあるのだ。

もしあなたの知性が、間違っていると見ることなら、そこにどんなリスクがあろうとも、その結果がどうなろうとも、命令に逆らいなさい。あなたの知性よりも優先される命令など存在しない。

◇

◇

なぜ宗教は、自然な本性に逆らうようにあなたを仕向けるのか？　それはただ、あなたに罪悪感を植え付けるためだ。「罪悪感」という言葉を繰り返しておこう。この目的のために彼らは、あなたを破壊し、搾取し、鋳型に嵌め、屈辱を与え、自分自身を軽蔑するように仕向ける。ひとたび罪悪感がつくられて、「私は悪い人間だ、罪人だ」とあなたが感じるようになれば、彼らは目的を達することができる。あなたを救える者は誰かいないだろうか？　こうして救い主が必要とされるようになるわけだ。だがその前に、まずは病気をつくりださねばならない。

ひとたび罪悪感を植え付けられたら、あなたは宗教家の手中にある。もはやあなたは逃げられない。あなたの恥ずべき部分を浄化して、神の前に恥じ入らずに立てるようにしてくれる者は、宗教家しかいないからだ。

彼らは神というフィクションをつくる。彼らは罪というフィクションをつくる。いつの日かあなたが神の目の前に立たねばならず、そのとき浄化され純粋になっていれば、恐れと恥を持たずに神の前に立てるというフィクションを彼らはつくる。

◇

真実は保護を必要としない。あなたが真実を語るとき、それは自らを証拠立てており、それだけで完全だ。他のものによる支えは何も必要ない。真実は、それが本物である証《あかし》を、自分自身で持っている。

嘘は空っぽだ。そこには何の証拠もない。しかし、あなたはいくつもの嘘をつき続けることで、人

◇

を騙すことができる。おそらく一つくらいは嘘がバレるかもしれない。しかし、何千もの嘘が語られたとき、それらの根底にある嘘を見つけ出すことは非常に困難だ。

「神」というのが、その根底にある嘘なのだ。だからこそ、その嘘は世界中で何千もの神学によって保護される必要があった。

◇

これは信仰するかしないかという問題ではない。信仰したりしなかったりする相手が存在しないのだから。神は存在しない！

だから、私のことを不信仰者だなどと言い出したりしないように。私は信仰者でも不信仰者でもない。私が言っているのは、すべては人間の思考《マインド》の投影であり、いまこそ我々自身の本性に反するこのゲームをやめるべきだということだ。

いまこそ神に永遠のサヨナラをするべきときなのだ。

◇

完全、絶対、全能、全知、偏在――こうした言葉が、神のためにあらゆる宗教によって使われてきた。こんな神は死んでいる。活き活きしていない、息していない。ダメだ、私はこんな神を拒否する。死んだ神と一緒では、宇宙全体が死んでしまう。

敬神というのは、まったく次元が異なる。このとき、木々の緑も、花咲くバラも、空を飛ぶ鳥も、すべてがその一部となる。このとき、神は宇宙と離れ離れになっていない。このとき、神は宇宙の魂そのものだ。このとき宇宙は、振動し、脈打ち、息づいている。敬神というのはそういうことだ。

神はフィクションだと私は言うが、どうか誤解しないで欲しい。神はフィクションだが、敬神はフィクションではない。それは質的なものとしてある。

◇

人間のような神というのはフィクションだ。天国で椅子に座って世界を創っている神など存在しない。あなたは、神がこんなデタラメな世界を創ったと思うのかね？　もしそうだとしたら、悪魔にはどんな仕事が残されている？　誰かがこの世界を創ったのだとするならば、それは悪魔であって、まさか神ではないだろう。

すべてのキリスト教徒が心の底ではイエスに怒りを感じていると私が言えば、あなたは驚くことだろう。イエスは救済を約束したが、何も救済されなかった。彼は次のように約束した。「すぐにあなたは天国に行ける。すぐに天国で私と一緒になれる。」それから二千年が経った。彼の言った「すぐ」はまだ来ていない。いつまで待てばそのときが来るというのだろう？

すべてのキリスト教徒は、イエスに怒りを抱いている。そしてこの怒りのゆえに、キリスト教徒は狂信的にイエスを信じる。そうすれば彼が怒りを抱いていることが誰にもバレないで済む。実際のところ、自分が怒りを感じていることを、彼自身も知りたくない。自分が騙されたことを、インチキの信仰を与えられてきたことを知りたくない。二千年もの間、無数の人々が、何の成長もなく、どこにも辿り着けず、何も見つけられないままに、この信仰と共に生き、この信仰と共に死んだということを知りたくない。彼はこの怒りを、この憤怒を恐れている。それを抑圧するために、彼は教会に行って、イエスに祈る。あるいは、クリシュナやムハンマドに祈る。しかしすべての信仰者は、遅かれ早かれフラストレーションを感じることになる。なぜならその信仰が、真実を与えてくれないからだ。それは活き活きとした生命の水を与えてくれない。

◇

イエスが生きている間は、彼と共にいるのは危険なことだった。ビジネスマンは誰も彼に近づかなかった。ギャンブラーだけがリスクを賭けて彼と共にいた。彼と共にいるのは危険なことだった。彼は十字架に架けられるかもしれない。あなたも十字架に架けられるかもしれない。

しかし、彼が死んでしまうと、ビジネスのための絶好の機会が生まれた。そうして、新しいタイプの人々が周りに集まりだした。司祭、教皇、イマーム、ラビ。教養のある、学者のような、理屈っぽい、独善的な人々。彼らはドグマを、教義をつくりだした。彼らはカルト教団をつくりだした。宗教的な人物の屍の上に、カルト教団が生まれた。キリスト教はカルト教団だ。

◇

◇

あなたが宗教的な観念とみなしているものは、宗教的ではない。それはただ長年伝えられてきた迷信に過ぎない。長いこと伝えられてきたから、その古さがそれを本当っぽく見せかけているだけだ。

◇

あなたが原罪のもとに生まれたという観念を植え付けるために、さまざまな宗教がさまざまな手法を使ってきた。いずれの宗教も、あなたが罪のもとに生まれたということを信じ込ませようとした。このために、イエスは処女から生まれたとされる。セックスによって生まれることは、罪によって生まれることだとされる。セックスは罪だとされる。

そこで私は、どうやって聖霊が処女マリアを妊娠させたのだろうかと、再び考えてみる。まさか聖霊が人工授精の手術を行ったのだとは思えない。どんな方法で、あの哀れな娘は妊娠したのだろう？セックスという罪からイエスを遠ざけておくためだけに、キリスト教徒は、哀れなイエスを私生児にしないといけなかったのだ。他の人は誰でもセックスによって、罪によって生まれる。——ただイエスだけは違う。イエスはスペシャルだ。

セックスを非難していると、あなたはそのエネルギーを変換できなくなってしまう。それはただ単にエネルギーで、上にも下にも、どんな方向にも動くことができる。もしそれを受け容れれば、まさに受け容れたことによって、それは上昇し始める。それと友人になるからだ。それを拒絶したとき、あなたは敵をつくっている。自己の内に分裂をつくっている。

◇

性的エネルギーが下に向かえば、それは生物学的な働きをする。性的エネルギーが上に向かえば、それは霊的《スピリチュアル》な働きをする。だが、それはどちらも同じエネルギーだ。それにどんな名前を与えるかは重要ではない。

◇

自制するとは、何かを捨て去ることを強制することだ。そしてそれが強制されたものである場合、何ひとつ本当に捨て去ることはできない。それは単に、あなたの無意識の深いところへ行く。それは以前よりも、もっとやっかいな問題になる。それは以前とは異なったやり方で、異なった外見、異なった仮面で、浮かび上がって来ようとする。あなたはそれに気づくことさえできないだろう。しかし、それは強い力を持って、自己主張をする。その強い力は、無意識の奥深くに力ずくで押し込むことによって、あなたが与えたものだ。

あなたが何かを強制《フォース》するとき、あなたはそれに力《フォース》を与えてしまう。それをより強大にして、敵を自分の内に、暗闇に隠してしまう。そこからの攻撃を防ぐことは難しい。それが意識されているときには、それは光のもとにあって、あなたはそこまで脆弱ではなかった。

自制するとは、抑圧するということだ。

◇

人生はとても小さなものでつくられている。大きなものや偉大なものは何もない。だからもし、あなたがいわゆる大きな物事に興味を持っているのなら、あなたは人生を取り逃してしまう。

人生をつくっているのは小さなものだ。カップのお茶を一口飲むこと。友達と雑談すること。朝の散歩に行くこと。といっても特にどこかに行くわけではなく、ただ歩くだけ、目的地も終着点もなく、いつでも引き返すことができるような散歩だ。大切な誰かのために料理をつくること。自分のことも大切なのだから、自分のために料理をつくること。服を洗うこと。床の掃除をすること。庭に水をやること……。

こうしたとても小さなもので人生はつくられている。見知らぬ人に挨拶すること。その人には何の用事もないのだから、まったく必要性のない挨拶だ。だが、見知らぬ人に挨拶できるならば、花に対しても挨拶できる。木にも挨拶ができるし、鳥に向けて歌うことだってできる。

◇

世界中の90パーセントの心の病気は、セクシャリティの抑圧に他ならない。さらに、50パーセントの身体の病気は、セクシャリティの抑圧だ。もしセクシャリティを自然に受け容れれば、90パーセントの心の病気と、50パーセントの身体の病気は、跡形もなくただ単純に消え失せる。そしてあなたは初めて、完全に新しい時代の健康と、幸福と、全一性の中で人間を見るだろう。

◇

人生の黄金律は、人生に黄金律は存在しないということだ。それは存在し得ない。人生は、あまりにも広く、巨大で、不思議に満ちていて、神秘的だ。それをルールや人生訓にまとめることはできない。どんな人生訓もあまりに短く小さ過ぎて、人生を含むことができない。その活きたエネルギーを含むことができない。だから、人生に黄金律は存在しないというのが、重大な黄金律なのだ。

本物の人間は、ルールや格言や命令に従って生きたりしない。それはニセモノの人間のやることだ。本物の人間は、シンプルにただ生きる。

◇

気づきのない人間は、予測可能だ。彼らを操るのは簡単だ。彼らは同じ反応《リアクト》をするから、何かをやらせたり言わせたりできる。彼らがまったく望みもしないことをやらせたり言わせたりすることだってできる。

しかし、気づきのある人間、本物の宗教的な人間は、状況にふさわしい応答《レスポンド》をするだけだ。彼はあなたの手中にない。彼を引きずり下ろすことはできない。何かをやらせることはできない。彼を操って何かを言わせることは一言でさえできない。彼が行うのは、気づきによって、その瞬間にふさわしいと見たことだけだ。

◇

気づきがなければ、あなたが何をするとしても、さらに多くの問題をつくりだすだけだ。それはあなたを自分の本質からどんどん遠ざけてしまう。それを解決することはとても難しい。なぜならそれはニセモノの問題だからだ。

仮にあなたがニセモノの問題の解決に成功したとしても、実際には何も解決しない。あなたの倒錯は別の方向へと進み、別の形をとるだけだ。それは同じドアからではなく、別のドアからやってくる。あなたの家には、あなたの知らないドアがたくさんあるのだ。

しかし、光があれば、内なる気づきの炎があれば、あなたは初めて自分の家について知ることができる。すべてのドアとすべての窓について知ることができる。そしてもし家が光で照らされていれば、「これを行いなさい、あれはやめなさい」と私が教える必要はなくなる。あなたの行うことすべてが正しくなる。

人々はいつも「何が正しくて、何が間違っているのですか」と質問する。私の答えはこうだ。気づきから来るものが正しくて、気づきなくして来るものが間違っている。行動それ自体には、正しさも間違いもない。行動が何に由来するかということに、正しさと間違いがある。

◇

あなたはかつて、存在をケチくさいと感じたことがあるだろうか？　こんなにもたくさんの星たちの必要性はなんだろう？　もし愚者が彼の信仰する創造主に出会ったらこう尋ねるだろう。「こんなにたくさんの星が必要なのですか？　なぜこんなに贅沢なのです？　もっと少なくてはいけないのでしょうか？　こんなにたくさんの鳥が、動物が、人間が必要でしょうか？」

少なくとも五万もの星に生物が存在するという事実が、科学者たちによって認められていると知っているだろうか？　その星で生物がどんな色をしているか、我々は知らない。どんな形、どんな美しさ、どんな生命《ビーイング》を進化させてきたのか知らない。しかし、一つ確かなことは、その存在は溢れ出すほど豊かだということだ。すべてにおいて贅沢だ。貧しい存在というのはない。貧しさは、人間がつくりだしたものだ。

奇妙なことだ。神はいつまでも玉座に座ったまま、聖霊と噂話をしたり、一人息子のイエスと戯れたりしている。その間に、悪魔が世界中を走り回って、ヒトラーや、スターリンや、ムッソリーニや、毛沢東を創造し続けている。すべての歴史のうち９９．９パーセントは悪魔が創造したように見える。

◇

「貧しき者は幸いである。天国は彼らのものだから。」そう言っただけでは、貧しさを変えることはできない。そうでなければ二千年の間にキリスト教の聖職者たちが、貧困をなくしていただろう。貧困は増えている、「幸いな者たち」は増えている。

実のところ、「幸いな者たち」が山ほどいるので、天国で彼らはまた貧しくなってしまう。あまりに多くの者たちが分かち合わなければならないため、分け前を少ししか受け取れない。

◇

すべての宗教が「貧しい者を助けなさい」と教える。しかし「人口を減らすために避妊を受け入れよう」と進んで言った宗教は一つもない。

私は避妊には大賛成だ。

◇

◇

国は必要だろうか？　地球は一つだ。地図の上でだけ国境という線を引く。そしてその線のために戦って殺し合う。実に愚かなゲームだ。

すべての人類が狂っているのでなければ、こんなことがいつまでも続くはずがない。国は必要だろうか？　パスポートやビザや国境は必要だろうか？　この地球全体が我々のものであり、どこへ行くことを望むのであれ、我々にはその権利がある。

◇

政治家と宗教家は、いつも共謀し、手に手をとって働いてきた。政治家は、政治的権力を持ち、宗教家は、宗教的権威を持つ。政治家は宗教家を保護し、宗教家は政治家を加護する。――そして大衆は、搾取され吸い取られる。大衆の血は、政治家と宗教家の両方に吸い取られる。

神を取り除き、政治家を取り除き、政治を取り除き、宗教家を取り除き、宗教家と政治家の共謀を取り除きなさい。政治家と宗教家の二つを取り除くことができれば、あなたの惨めさの50パーセントは消えてしまう。

◇

この世界は、本当にパラダイスになり得る。実のところ、我々がここで実現しない限り、他にパラダイスはない。

◇

もしあなたが生命を尊重しているのなら、花を摘むことさえできないことに気づき始めるだろう。あなたは花を楽しみ、花を愛する。花に触れて、花にキスすることはできる。しかし、花を摘むとき、あなたはそれを破壊し、傷つけてしまう。その植物は、あなたと同じように生きているのだ。

◇

非暴力は、単純に、殺してはならないと主張する。あなたはそれで充分だと思うだろうか？　殺してはならない、傷つけてはならないというのは、否定的な主張に過ぎない。それで充分だろうか？　生命への尊敬が主張するのは、あなたの喜び、あなたの愛、あなたの平安、あなたの至福を、分かち合い与えることだ。分かち合えるものはすべて分かち合いなさい。もし、あなたが生命を尊敬するなら、それは礼拝へと変わる。そしてあなたはどこでも存在が生きているのを感じるようになる。そうすると、木に水を与えることは礼拝となる。客人に食事を提供することは礼拝となる。

どこかの頭のイカれた奴がボタンを押して、全人類を滅亡させることができる。地球上のすべての生命を滅ぼすことができる。しかしおそらく心の底では、人類もまた、自らを滅ぼすことを望んでいるのだろう。おそらく人々は、一人で自殺をするだけの勇気を持たないが、集団でならば自殺の準備ができているのだ。

◇

これまで宗教が人々に、生きるためのフィクションを与えてきた。いまではそうしたすべてのフィクションは壊れてしまい、そのために生きることができるようなものは何ひとつ残されていない。それゆえ苦悩がある。

◇

苦悩というのは、普通の心配事のある状態とは違う。心配はいつでも、何かについての心配だ。お金がないから、心配になる。暖かい服がないのに寒さがやってくるから、心配になる。病気なのに薬がないから、心配になる。心配は、何らかの問題についてのものだ。

苦悩は、こうした問題についてのものではない。ただすべてが不毛で無意味に見える。息をすることが、不必要に自分を生き延びさせているだけに思える。明日に何を期待できるというのだろう？昨日もあなたは、明日になれば何かが起こるかもしれないと考えた。いま昨日にとっての明日が、今日として訪れているが、何も起こらない。そして、これが何年も続いている。

あなたは明日を想い続けるが、何も期待できないと気がつくときが訪れる。それゆえ苦悩が始まる。苦悩しているときは、どうにかしてこの人生の循環から抜け出さなければならないという、一つのことしか目に見えない。だから自殺が起こる。自殺率の増加、そして第三次世界大戦への無意識の願望が生じる。「私の自殺の責任は、私にはない。世界大戦がすべての人を殺し、私のことも殺すのだ。」

いつも覚えておくように。個人が重大な罪を犯すことはない。重大な犯罪を行うのは常に群衆だ。なぜなら群衆のうちにあっては、そこで起こっていることに責任を感じる者が一人もいないからだ。彼らはこう考える。「私はただ人々と一緒にいるだけだ。」

◇

個としてのあなたが何かを行うときには、実行の前に三度考えなくてはいけない。自分は何をやっているのか？　それは正しいことなのか？　自分の意識はそれを許すのか？

しかし、群衆と一緒にいるとき、あなたは群衆の中に溶け込んでどこかに消えてしまう。群衆の中にあなたがいたことさえ、誰も気づかないだろう。

◇

我々が民主主義と呼んでいるものは、実際にはまだ民主主義の段階には達していない。どこに行っても衆愚政治があるだけだ。なぜなら選挙を行う人々が、個ではなく群衆だからだ。彼らにはまだ、注意や気づきがない。

◇

私の見るところでは、人類の抱える最も重大な問題は、瞑想について何も知らないということだ。最も重要な問題はこれだ。人口爆発でも、核兵器でも、飢餓でもない。これらは根本的な問題ではない。こうした問題ならば、科学によって簡単に解決することができる。

根本にある問題はただ一つで、それを科学で解決することはできない。どうやって瞑想するかを人々が知らない、という問題だ。

◇

いまやどちらかを選ばなくてはいけない。あなたが変容し、あなたを分裂させる過去のすべての遺産を投げ捨て、全一性を取り戻すのか、もしくは、世界規模の自殺を覚悟するのか、どちらかだ。あなたが耐えることのできる苦悩は、一定量しかない。いまやそれは耐えきれない量になりつつある。二十世紀の終わりまでには、苦悩の量は、耐えきれる限界を完全に超えるだろう。そうすると二つの可能性しか残されてはいない。自殺か、求道《サニヤス》かだ。

求道《サニヤス》ということで、私が意味するのは単に、あなた自身を全面的に受け容れるということだ。あなた自身のどんな部分も無視することなく、何も暗闇の中に隠さないこと。自分自身を光のもとに連れ出し、自分自身を友人として見ること。それはあなたのエネルギーだ。あなたはそのエネルギーに働きかけなければならない。あなたがそれに対し友人として接すれば、それもあなたを友人として接してくれる。そうして自分自身と友人になるということは、人生における最も素晴らしいことの一つだ。

イエスは「あなた自身を愛するように、あなたの敵を愛しなさい」と説いた。しかし、彼が完全に見落としていたのは、誰も自分自身を愛していないということだ。それでどうやって敵を愛することができる？

◇

イエスは、さらに困難なことも説いた。「あなた自身を愛するように、あなたの隣人を愛しなさい。」これはもっと難しい。遠くにいる敵のことならば、愛せるかもしれない。だが、あなたの家のドアを叩く隣人のことは、どうやって愛すればいい？　それもあなた自身を愛するように……。

こんな間違いを犯さないようにと私は言っておきたい。あなたは、自分自身を愛していない。もしあなたが自分自身に対して行ったのと同じことを隣人に対して行えば、あなたは隣人を殺してしまうことだろう。なぜなら、あなたは自分自身を殺してしまったからだ。あなたは人生の終わった後を生きている。どうか隣人に対して同じことを行わないで欲しい。それを敵に対して行うのもいけない。彼があなたに何をした？　なぜ彼にそんなひどい事をするのだ？　もちろん、自分自身に対して好き放題のことをやれるというのは、あなたの生まれながらの権利だ。しかし、隣人や敵に対して、好き放題のことをするのは、あなたの権利ではない。それは違う。

私があなたに対して言いたいのは、あなたは、あなた自身を愛したことなど一度もないということだ。敵のことは忘れなさい。隣人のことは忘れなさい。まずは、あなた自身を愛しなさい。

◇

あなたの善い部分と悪い部分を統合しなさい。二つを分離させてはいけない。一つになるのだ。あなたが一つになったとき、外側には神も悪魔もいないということを、あなたは見い出すだろう。神や悪魔というのは、あなたの内側の分裂した部分が、外側へと投影されたものだ。あなたが一つになれば、あなたは外側にも全一性を見る。闇と光、死と生との素晴らしい統合を見ることだろう。手を取り合って協調するこの統合と全一性を、あなたはあらゆるところに見る。何ものも対立し合うことなく、すべてが互いを補い合っている。善と呼ばれるものと、悪と呼ばれるものとが、互いを補い合っている。それらは別々に切り離しては存在できず、一緒にしか存在できないのだ。

あなた自身を一つに統合することは、世界を全一性のもとに統合された姿において見るための道なのだ。

◇

自己中心的《セルフィッシュ》であれ、と私は説く。まずは、あなた自身の花を咲かせて欲しいのだ。そう、それは傍《はた》からは自己中心的に見えることだろう。傍から自己中心的に見えるということに、私は反対しない。それで良いのだ。

しかし、バラが花咲くとき、バラは自己中心的だろうか？　蓮が花咲くとき、蓮は自己中心的だろうか？　太陽が輝くとき、太陽は自己中心的だろうか？　あなたが花咲くとき、あなたが自己中心的となる心配などあるのだろうか？

あなたが生まれ落ちたことは、まだ始まりに過ぎない。誕生はチャンスを与えてくれるだけで、それだけではまだ完成ではない。あなたは自分の花を咲かさないといけない。そのチャンスを、バカバカしい他人への奉仕などで無駄にしないで欲しい。あなたの最も重要な第一の責任は、自分の花を咲かせることだ。完全に意識的になり、気づきを保ち、注意深くなることだ。そしてその意識状態に至ったとき、あなたには、何を分かち合うことができるのか、どうすれば数々の問題を解決できるのか、見えてくることだろう。

◇

私が確信しているのは、あなたが花咲いたとき、あなたは他者と分かち合いをするようになるということだ。それを避けることなどできない。咲いた花は、その香りを捕まえて閉じ込めておくことなどできない。香りはあらゆる方向へと逃げ広がっていく。だから、まずは自分自身が満ち足りてあるようにしなさい。まずは自分自身でありなさい。そうすれば、あなたの存在《ビーイング》から、多くの者たちへと、香りが届けられる。それは他者への奉仕などではない。それは完全なる喜びの分かち合いだ。そして、喜びの分かち合いほど、喜びに満ちたものはない。

◇

権力を必要とするのは、悪いことをするときだけだ。それ以外のときは、愛だけで充分だ。慈悲だけで充分だ。

◇

戦争は必要ない。貧困は必要ない。我々は充分な富を持っている。充分な資源を持っている。しかし、世界中の資源の70パーセントが戦争に使われてしまう。もし、その70パーセントの資源が人類に死をもたらすことに向かうのを防げるならば、誰一人いまよりも貧しくなる必要はない。すべての貧しい人々の生活を改善できる。

マルクスの発想、レーニンや、スターリンや、毛沢東の発想、彼らの哲学のすべては、豊かな者を貧しい者のレベルにまで引き下げることにある。彼らはこれを共産主義と呼ぶ。私はこれをくるくるぱあと呼ぶ。私の発想は、すべての貧しい者を、高く高く引き上げて、最も豊かな者と同じレベルにすることだ。貧困は必要ない。私もまた、階級のない社会を提唱するが、それは豊かな者たちのものだ。

◇

人はとてつもなく豊かで、至福の、歓喜に溢れた人生を生きることができる。だがまず最初に、自分の責任を受け容れなくてはならない。

これまですべての宗教が、神に責任を押し付けて、自分の責任から逃れるように人々に教えてきた。だが、その神は存在しない。神がすべてをしてくれると思ってあなたは何もしないが、神は何もしてくれない。そんなことで、他に何か期待できるだろうか？　いま起こりつつあること、過去に起こったこと、未来に起こること、そのすべてが創造主という観念からの自然な帰結とされたままだ。

もし人が次のように教えられるならどうだろう。「これがあるがままのあなただ。あなたが何者であるか、あなたが何を行うか、あなたの周りで何が起こるか、これはすべてあなたの責任だ。成熟せよ。未熟さに留まっていてはいけない……。」

しかし、神はあなたが成熟することを許さない。神が神であることができるのは、人々の未熟さ、子供っぽさにかかっているからだ。あなたが愚かで騙されやすいほど、神は偉大になる。あなたが賢くなるほど、神は偉大さを失う。あなたが本当に賢くなったとき、神はもういない。そのとき存在がそこにある。あなたがそこにいる。そしてあなたが創造を始める。しかし、神という創造主は、あなたが創造者になることを許さない。

私のアプローチのすべては、あなたを創造者にすることだ。あなたの創造のエネルギーを開放しないといけない。そのことは、神を取り除くことによってのみ可能だ。神は、不条理劇『ゴドーを待ちながら』のいつまで待っても登場しないゴドーに他ならない。神をあなたの人生のビジョンから完全に取り除かないといけない。そう、最初のうちはあなたは虚しさを感じるだろう。なぜならあなたの内部のその場所は、以前は神で占められていたからだ。何百万年もの間、神はそこにいた。あなたの心の神聖な社《やしろ》に、神という観念が居座っていた。いま突然それを放り出したら、あなたは虚しさを感じ、恐れや喪失感を覚えることだろう。しかし、虚しさを感じるのは良いことだ。恐れや喪失感を覚えるのは良いことだ。なぜなら、それが現実《リアリティ》なのだから。以前にあなたが感じていたことはフィクションに過ぎない。フィクションは、たいした助けにはならない。それは慰めを与えてくれるかもしれないが、慰めは良いものではない。

必要なのは変容することであって、慰めを得ることではない。必要なのはあなたの病気への治療であって、慰めではない。

真実というのは、覆いを取り除けば露《あら》わになるものだ。それはすでにそこにある。あなたが真実を創り出すのではない。あなたは覆いを取り除いて発見するのだ。

◇

◇

ジャーナリストは、世間を驚かすセンセーショナルな事件を探し続ける。彼らのビジネスのすべては、センセーショナルな事件にかかっている。彼らは、人間の最も低俗な本能を利用している。ジャーナリズムは、まだ大人になっていない。まだ成熟していない。だから、もしレイプがあればニュースになり、殺人があればニュースになり、自殺があればニュースになる。醜くて、気分を悪くさせるような、犯罪的なものは、何でもニュースになるが、美しいものは何もニュースにならない。犬が人を噛むことは自然なことだからニュースにならないが、人が犬を噛んだらニュースになる。そして、ジャーナリストは、それが真実がどうかには関心を持たない。噂だけで充分なのだ。

哲学者についての古い定義がある。哲学者というのは、灯りない暗い家にいる盲目の男で、暗い夜に、そこに存在しない黒猫を探している、というのだ。これが昔からの哲学者の定義だ。私はこれに、ジャーナリストの定義を付け加えたい。ジャーナリストとは、そこで存在しない黒猫を見つけ出す者だ。すると、それはニュースになる。

◇

間違った質問に対する正しい答えを、私はあなたに与え続けてきた。そうするしかなかったのだ。あなたには正しい質問ができないことを私は理解しているし、間違った答えを与えることなど私にはできない。だから、他にどうしようもない。同じことが繰り返される。あなたは間違った質問をし続けるが、私はそのことは気にしない。あなたの質問をきっかけに、私は自分の答えたいことを答え続けよう。

あなたは調和のとれた全体だ。あらゆる部分があらゆる部分と統合されている。一部分だけを豊かにして、他の部分を貧しくすることはできない。全体が影響を受けて、貧しくなるか豊かになるかのどちらかだ。あなたは自分の全体性を受け容れないといけない。そして、生きるのだ。強烈に生きるのだ。生命のたいまつを両側から燃やすのだ。そういう者だけが、笑いながら、至福のうちに死ぬことができる……。

◇

ある導師《マスター》が死んでいこうとしていた。最期の時が訪れようとしていた。彼の弟子たちが集まって、その中の一人がこう聞いた。「導師よ、あなたは私たちを置いて旅立たれようとしています。最期のメッセージをお伝え下さい。」

導師は笑って、目を開けるとこう言った。「リスが屋根の上を走り回っているのが聞こえるかい？」そして彼は目を閉じて死んでしまった。弟子たちは混乱した。――これはいったいどういうメッセージなんだ？「リスが屋根の上を走り回っているのが聞こえるかい？」だと？

しかし、これこそが彼の生涯のメッセージだったのだ。この瞬間だけを生きるということ。

その瞬間、彼はリスを楽しんでいた。誰が死のことなど気にするだろう？　誰が最期のメッセージのことなど気にするだろう？　彼は、いまこの瞬間の中にあった。そして、これが彼のメッセージだった。どこか別の所に行ってしまわずに、いまここに留まること。死の瞬間においてさえ――リスが屋根の上を走り回っている音がする――彼はそれを楽しんでいた。

　さて、こうした人物は、途方もなく計り知れないほど強烈に生きたに違いない。後悔なく、純粋に感謝して、微笑んでさえいる。その他に何を最期のメッセージとして期待する？　微笑みだけで充分だ。死への門出で微笑むことができる者は、生きられなかった時間を持たない者だけだ。背後で列になってあなたを引っ張り「私のことをどうしてくれる？」と問いかける、そうした不完全で未完了なままの時たちを持たない者だけだ。

　しかし、もし未完了の時が何もないのなら――すべての時が完了しているのなら――そこには無だけがある。そこには静寂しかない。そして、もしすべての時が完了しているのならば、未来においても何もない。なぜなら明日を求めるのは、未完了の時だけだからだ。昨日を満たすことができなかった場合に、あなたは明日を満たそうとする。しかし、もし昨日が完全であったならば、明日のことを想ったりはしない。この瞬間だけがすべてとなる。

◇

過去を想うことなく、未来を想うことなく、私は生きてきた。これが生きるための唯一の道だということを私は見い出した。もしあなたがそうしていないなら、あなたは生きているふりをしているだけで、本当には生きていない。いつか生きたいと望んでいるかもしれないが、生きていない。かつて生きた記憶はあるかもしれないが、生きていない。

それは思い出か、想像かのどちらかだ。現実《リアリティ》ではあり得ない。

存在は、一つの時制しか知らない。それは現在形だ。過去、現在、未来という三つの時制《テンス》をつくりだしたのは、言語だ。そして言語は、三千もの思考《マインド》の緊張《テンション》をもつくりだした。だが現実は、一つの時制しか知らない。それは現在形だ。そこにはまったく緊張《テンション》はない。完全にリラックスしている。あなたが完全にいまここに留まることができたとき、あなたを後ろ向きに引っ張る過去は存在しないし、あなたをどこか別のところに引っ張る未来も存在しない。そのときあなたはリラックスしている。

私にとって、この瞬間の中に留まることは瞑想だ。この瞬間の中に完全に留まること——それはとても美しく、芳《かぐわ》しく、すがすがしい。それは決して古びない。どこか別の場所に行ってしまうことは決してない。

◇

人は必要とされることを、何よりも必要としている。必要とされなければ、人は動揺してしまう。木々も、雲も、太陽も、月も、星も、山も、何ひとつあなたのことを気に掛けていないように見えるとき、すべての存在がよそよそしく見えるとき、あなたがいてもいなくても誰も気にしないとき、こうしたとき、思考《マインド》は不安定になってしまう。するとそこに宗教が、いわゆる宗教がつけ込む。

本物の宗教は、あらゆる手段を使って、この必要を捨て去ることを支援する。あなたを必要とする誰かを、あなたが必要としなくなるように手助けをする。もしあなたがそれを求めているのなら、あなたはフィクションを求めているのだ。

◇

人には、そこに独りで取り残されなければいけないような状況がある。そうしなければ、彼が真実を見つけ出すことはできない。もしそこで手助けをしようとしたら、あなたは彼をダメにしてしまう。

彼が自力で何とかできる状況にあるなら、あなたの助けを受けるように強いてはいけない。彼にも目があるのならば、あなたの目を通して物事を見るように強いてはいけない。少なくとも、あなたのメガネを他人に掛けさせるのはやめて欲しい。彼の視力はあなたとは違うのだ。そんなことをしたら彼の目を見えなくしてしまう。彼のビジョンを歪めてしまう。

宗教的人間は、執着を持たない。彼はシンプルに、自然に、自発的に、瞬間瞬間を生きる。彼は、世界に偉大なアイデアを持ち込もうとしているのではない。彼は、人々に偉大なイデオロギーを押し付けようとしているのではない。

◇

深い静寂の中においては、私のモノもあなたのモノもない。生命はシンプルに生命だ。それは一つの流れだ。我々は目に見えない糸で繋がっている。もし私があなたを傷つければ、私自身も傷つく。もし私が自分自身を傷つければ、私はあなた達すべてを傷つけることになる。

◇

◇

人生は、流動的で動きのある連続体だ。そこに間違ったものは何ひとつない。来ては去っていくこの時を楽しもう。それは儚いものなのだから、飲めるだけ飲もう。

考えることで時を無駄にしてはいけない。それは儚いなどと考え始めてはいけない。あなたに明日が訪れようとそうでなかろうと、明日何が起こるかに煩わされないようにしよう。そして昨日のことを考えるのもやめよう。人生が続く限り、すべての果実を絞り出して、それを完全に飲み干そう。そうしたら、その時が去っていくのか、ここに留まるのかなど、誰が気にするだろう？　もしここに留まるのなら、それを飲み続ければいい。もし去っていくのなら、それもまた良い。また別の時を飲むことにしよう。

◇

あなたの心理的な重圧となるのは、生きられなかった過去だけだ。繰り返し言わせてもらう。生きられなかった過去――生きることができたはずなのに、そうしなかった時間。花咲くことができたはずなのに、逃してしまった恋愛。歌うことができたはずなのに、他の雑事のために喉に詰まらせてしまった歌。それがあなたの心理的な重圧となる生きられなかった過去だ。それは毎日重みを増し続けている。

年寄りが怒りっぽくなるのはこのためだ。それは彼の過《あやま》ちではない。彼には、なぜ自分がそんなにも怒りっぽいのか分からない。なぜありとあらゆるものが彼を苛立たせるのか。なぜ常に怒っているのか。なぜ他人の幸せを認めることができないのか――なぜ子供が踊り、歌い、飛び跳ね、歓喜するのを見ていることができないのか。なぜすべての人が静かであることを望むのか。いったい彼に何が起こったのだろうか?

それは単純な心理的な現象だ。生きられなかった彼のすべての人生のせいだ。子供が踊りだすのを見る時、彼の内部の子供は踊ることを阻止される――おそらく彼の親か、兄か、もしくは彼自身によって。なぜならそれは人に褒められる立派なことではないから。彼は、かつて隣人の前でこんなふうに紹介されたことがあった。「この子を見てごらんなさい。落ち着いて、穏やかで、静かで、迷惑をかけないし、いたずらもしません。」このとき、その子の自我《エゴ》は満たされた。だが、彼は生きることを逃してしまった。いまでは彼は、耐えることができない。子供に我慢することができない。実のところ、生きることのできなかった彼の内部の子供が痛みを感じ始めるのだ。それは傷となって残っている。いったい、いまではいくつの傷を負っているのだ？　数千もの傷が並んでいる。生きられないままに残してきた時がどれだけあるのだろうか？

◇

あなたが友人と会う時には、ちゃんと会いなさい。誰が知るだろう、二人はもう二度と会うことがないかもしれないのだ。そうなればあなたは後悔する。満たされなかった過去に苦しむようになる。──言いたかったのに言えなかった言葉。

「愛している」と言いたいのに、何年もためらって言わないままの人がいる。いつの日か相手は死んでしまうかもしれない。「愛していると言いたかったのに言えなかった。」そのとき彼は、泣いて悲しむことになるだろう。

あらゆる可能なやり方で、強烈に、歓喜に溢れて生きることを、私は説く。身体的なレベルでも、心理的なレベルでも、霊的なレベルでも――あなたの可能性を最大限に発揮して生きなさい。すべての瞬間から、あらゆる楽しみと喜びを絞り尽くしなさい。そうすれば、後になって「あの時は過ぎ去ってしまった」と悔やむことはない。

◇

◇

本当に生きている人は極めてまれだ。99.9パーセントの人は、ゆっくりと自殺をしている。

◇

一つの種子から、数百万もの種子が得られる。存在の有り余るほどの豊かさが感じられるだろうか？一つの種子が、地球全体を緑にすることができる——宇宙全体を緑にすることだってできるのだから、地球くらいは何でもない。たった一粒の小さな種子、そこになんという大きな可能性が潜んでいることだろうか。

しかしながら、あなたはそれを安全な銀行口座に預けてしまうこともできる。そしてあなたは、生きているとは到底いえないような人生を送るのだ。

あなたがどんな夢を見るのでも、それを記録しておきなさい。その夢は、あなたが現実の中で何を逃したかを示している。現実《リアリティ》の中に生きる者は、夢を見ることがなくなっていく。彼には夢見るものが何もないのだ。眠りにつくまでに、彼はその日にやるべきことをすべてやり遂げてしまう。すべてが完了しているから、夢の中にまで持ち込む残り物が何もないのだ。

◇

昨日を生きることはできない。想像の中でならできるかもしれないが、しかし実際には無理だ。それは死んでいる。昨日をもう一度生き返らせることはできない。あなたは時間を後ろ向きに進むことはできない。過ぎ去った時間は、永遠に過ぎ去ったままだ。しかし、何百万もの人々、９９．９パーセントの人々が、昨日か明日を生きることを選んでいる。

明日はここにはない。明日は決してここを訪れない。明日というものは本質的に、決して、ここ、に姿

◇

を現さないのだ。明日はいつでも、ここに向かっているが、いつまでも向かっているままで、ここに辿り着くことは絶対にない。明日というのは、決して満たされることのない希望に過ぎない。

◇

死んだ後に生《ライフ》がないということは、あなたの知ってのとおりだ。そしてもし、死後の生というものがあるのだとしても、あなたは生きることを、いま学んでおかなければならない。全面的に、強烈に生きて、もし死後の生があるとしたらそこでも生きることができるようにしておかなければならない。もし死後の生がないのならば、どうするべきかは考えるまでもない。理性的な人間のアプローチは、常にこうしたものであるべきだ。

賢くありなさい。そうであれば、愛は、虹の持つすべての色をあなたに与えてくれるだろう。あなたは、多くの人によって、様々な方法で満たされていく。一人の女性が触れるのは、あなたの生命《ビーイング》の一つの側面だけだから、他の側面は空腹で飢えたままになってしまう。一人の男性が触れるのは、あなたの心《ハート》の一部分だけだから、他の部分は成長しないままになってしまう。もしあなたが誰かに執着をすれば、一部分だけが巨大な化け物になって、他のすべての部分は縮んでしまう。

◇

あなたのすべてのエネルギーを、いまここに集中しなさい。全面的に、あなたにできる最大限の強度で、この瞬間にエネルギーを注ぎ込むのだ。その時、あなたは生命を感じることだろう。私にとって、その生命は神に等しい。生命の他に神は存在しない。

◇

◇

不幸になるには、理由が必要だ。だが、ただ幸せであるために、理由は要らない。幸せはそれだけで充分だ。それはとても美しい体験なのだから、他に何が要るというのか？　なぜ幸せの原因が必要なのだ？　幸せだけで充分だ。幸せが幸せを生む原因なのだ。

◇

もしあなたが歌をつくるなら、音楽をつくるなら、庭をつくるなら、あなたは宗教的な在り方をしている。教会に行くのはバカバカしいことだ。だが庭をつくることは、素晴らしく宗教的なことだ。

もしあなたがこの人生を全面的に喜べるなら、死後のことを思い煩うことは全然なくなるだろう。なぜなら、いま起こっていることを超える何かがあり得るなんて、想像さえもできなくなるからだ。

◇

◇

私があなたに与えたのは、閉じたシステムではない。それは開かれた実験だ。後からやって来るどんな真実でも、何の矛盾もなくこのシステムに取り入れることができる。なぜなら、私が何度も繰り返し説いてきたことは、人生に矛盾はないということなのだから。すべての矛盾は、互いを補い合っているのだ。

だから私の主張と矛盾するものでさえ、まったく恐れなく取り入れることができる。すべての矛盾は互いを補い合っているというのが、私の立場だ。昼と夜が互いを補い合うように、生と死が互いを補い合うように、すべての矛盾は互いに補い合う。だから、将来出会うであろう最も矛盾した真実でさえ、あなたは取り入れることができる。それもこのシステムの一部なのだ。

◇

墓地を美しく飾ることはできる――庭園、芝生、花、大理石の墓石。しかし、死という事実を隠すことはできない。どんな国でも墓地があるのは街の外だ。本当はそれは街のど真ん中にあるべきだ。そうすれば、そこを通り過ぎる者たち全員に、何度も死のことを思い出させることができる。死だけが確かなことなのだ。その他のすべては、たぶんでしかない。起こるかもしれないし、起こらないかもしれない。

しかし死は、たぶんではない。死だけは、あなたの人生において確かなのだ。何が起こるにしても死はいずれ訪れる。あなたは死から逃げることはできない。死から離れて遠くへは行けない。どこへ行こうとあなたは死と出会うことになる。

ある年齢を超えたら――たとえば七十歳、あるいは八十歳か、九十歳という基準を超えたら――医療関係者に対して「私は肉体から自由になりたい」と頼むことが許されなければならない。これ以上生きることを望まない権利が彼にはある。彼はもう充分に生きたのだから。彼はやりたかったことをすべてやり遂げてしまった。彼はいま、ガンや結核で死ぬことを望まない。彼はシンプルに安らかな死を望んでいる。

それぞれの病院は、そうした人々のための特別な場所と、特別なスタッフを持つべきだ。人々はそこを訪れ、リラックスして、病気と無縁に美しく死を迎えるのを医療専門家に手伝ってもらえる。

◇

◇

人生において死よりも重大な体験はない。私がこう言うのは、このことを伝えるために一回死んで戻ってきたからではない。そうではなくて、瞑想によって死と同じ場所へ行くことを知っているから、このように言うのだ。瞑想するとき、あなたはもはや生理学的ではない。生物学的ではない。化学的ではない。心理学的ではない。そうしたものは遙か遠くに置き去りにされる。

あなたが行くところは、あなたの内側の最も深い中心だ。そこには純粋な気づきだけがある。その純粋な気づきは、死ぬ時もあなたと共にある。それを取り去ることはできないからだ。取り去ることのできるすべてのものは、瞑想によって、あなた自身の手で取り去ることができる。

瞑想は、生の中での死の体験だ。それはとても美しい。表現できないほど美しい。だから死について言えることはたった一つしかない。それは百万倍の体験だ。死の体験は、瞑想の体験の百万倍なのだ。

◇

来ては去っていくのは我々の方だ。存在は、あるがままにそこに留まっている。過ぎ去っていくのは時間ではない。我々の方が来ては去っていくのだ。しかし、それは間違った考えとされている。過ぎ去っていくのが我々であることと向き合う代わりに、我々がつくったものがある。偉大な発明品である時計。——時間が過ぎ去る。

ちょっと考えてみよう。もし地球に人間がいないとしたら、そこに過ぎ去る時間はあるだろうか？すべてのモノはそこにある。海は砂浜に打ち寄せる。波は岩に当たって飛沫《しぶき》をあげる。日は昇り、日は沈むだろう。しかし、そこに午前はないし、夕方もない。そのような時間はない。時間は思考《マインド》がつくったものだ。

基本的に、時間というのは、過去と未来と共にしか存在し得ない。この瞬間は、時間の一部ではない。あなたがシンプルに、いまここにあるとき、そこに時間はない。

◇

なぜあなたは、この時を永遠に留めようとするのだ？　もっと良い時が来ないと、どうやって知るのだ？　ほんの一瞬前、あなたはこの瞬間のことを思っていなかった。この瞬間が去っても、もっと良い何かがこちらに向かっているかもしれない。実際のところ、それはこちらに向かっている。なぜなら、もしあなたがこの瞬間に完全に没入したのならば、あなたは極めて大切な何かを学んでいるからだ。その時が訪れたら、あなたはそれを使える。瞬間ごとに、あなたは成熟していくのだ。

◇

瞬間ごとに、あなたはもっと自分の中心へと近づく。もっと瞬間に没入する。もっと気づきを得る。もっと注意深くなる。もっともっと生きられるようになる。

◇

私の言うことの多くが、私の昔の発言と矛盾しているように思えるかもしれない。そのことは気にしないでいい。いま言うことが正しい。そして、どんなことでも明日言うことは、もっと正しい。死の床で口にする最期の言葉が、究極的に正しい。それまでは、何が正しいかあなたに決めることはできない。私は生きており、そして過去に縛られていないのだ。

◇

生命には、それ自身の行く道がある。あなたがすべてを管理し始めたら、それをダメにしてしまう。

生命に自由を許しなさい。

◇

あなたが理解しなくてはいけないとても基本的なことがある。世界は、名詞ではなく、動詞で出来ている。名詞は、人間がつくったものだ。それは必要なものだが、人間がつくったものでしかない。しかし、存在は動詞で出来ている。名詞でも代名詞でもなく、動詞だけで出来ている。

これを見てごらん。——あなたは花を、バラを見る。これを「花」と呼ぶのは正しくない。なぜなら、花咲くことを止めていないからだ。まだ花咲いている。これは動詞だ。それは流れている。「花」と呼ぶことで、あなたはそれを名詞にしてしまう。あなたは川を見ると、それを「川」と呼んで、名詞にしてしまう。だが、それは川《かわ》っている。存在に関しては、川《かわ》るとか、流れると言った方がより正確だ。

すべては、変わっている、流れている。子供は若者になり、若者は老人になる。生は死に変わり、死は生に変わる。すべては連続した絶え間ない変化だ。それは連続体だ。それが止まること、完全に静止することは決してない。それが起こるのは言語においてだけだ。

存在に、完全な静止はない。

◇

気づきのある者は、予測不可能だ。なぜなら彼は決して同じ反応《リアクト》をしないから。彼が何を行うのか事前に予測することはできない。そして、瞬間ごとに彼は新しい。彼がある時に、ある行動をしたとしても、次の時には同じ行動をしないだろう。次の時には、すべてが変わっているのだから。瞬間ごとに、生《ライフ》は変わり続けていく。それは流れる川だ。静止したものは何もない。ただし、あなたの無意識とその反応《リアクション》だけは別だ。無意識の反応《リアクション》はいつも同じで変化しない。

◇

愛は変化する関係だ。愛は安定していない。だから結婚がつくりだされた。結婚は愛の死だ。

ほとんどすべての夫が妻を疑っているし、ほとんどすべての妻が夫を疑っている。結婚という現象が存在するのは、信頼がそこにないからだ。だから、二人の間に法律を持ち込む。そうでなければ愛だけで充分だろう。

◇

しかし、誰も愛を信頼していない。そしてそれを信頼しないのには理由がある。本物のバラの花は、花開き、香りを放ち、そして枯れる。プラスチックの造り物のバラの花だけが、生まれることなく死ぬこともない。あなたは理解しないといけない。本物の愛は、ある日生まれ、花開き、栄える――しかし、それは永遠ではない。それは衰える。消えてしまう。枯れてしまう。それを信頼することはできない。二人の間に、愛の代わりに、法律を持ち込まなくてはいけなくなる。

法律は造り物だ。結婚もまた同じだ。愛がプラスチックの造り物になる。いまや法律による保証を得て、あなたは休むことができる。結婚によって愛は、より早く枯れてしまうだろうが、しかしあなたはそこに愛があるかのようなふりを続けることだろう。だから疑いが起こる。

本物の恋人はこれを理解するだろう。何かとてつもなく美しいものが、かつてそこにあって、それが二人を満たし、別の次元へと連れて行った。しかし、いまではそれは消えてしまった。二人は互いに感謝している。彼らは言い争わない。彼らは永遠の瞬間を与え合ったのだ。彼らはその時を忘れないが、どんな恨みも持っていない。——そして彼らは友人として別れる。とてつもなく大きな感謝を互いにしながら。

◇

なぜ一つの愛に閉じこもる？　なぜ一つの愛に自分自身を閉じ込めようとする？　自然はそうなるように計らわなかった。自然は、あなたができるだけ多くの方法で愛を知るように計らった。ある女性から知ることを、他の女性から知ることはできない。ある男性から知り体験することを、他の男性から体験することはできない。それぞれの愛がユニークだ。そこに競争はなく、言い争いもない。

◇

私のすべての仕事は破壊だ――あなたを取り巻くすべての嘘を破壊して、それを他の何かで置き換えることなく、あなたをまったくの裸で独りにすること。私が思うに、真実を知ることができるのは、あなたが独りになったときだけだ。なぜなら、あなたこそが真実なのだから。

◇

孤独というのは、あなたが他人を求めている状態だ。
独りというのは、あなたが自分自身を見つけようとすることだ。

◇

この人生においては、すべてが刹那的だ。思うに、刹那的であることはまったく悪いことではない。

——実のところ、刹那的だからこそ、人生はこんなにも刺激的で、こんなにも歓喜に溢れているのだ。

それに永続性を与えてみなさい。そうしたら、それは死んでしまう。

◇

私はお金に反対ではない。私が反対するのは拝金だ。お金に執着する者は、お金を使うことができない。彼はお金を壊してしまう。その目的を壊してしまう。世界中のあらゆる言語で、お金は「流れるもの《カレンシー》」という意味の別の名称を持つ。このことは重要だ。通貨にとって必要なことは、流通《カレント》して、川のように流れ、速く動くことだ。それが速く動くほど、社会は豊かになる。

もし私が百ドル札を持っていて、それを単にポケットに入れたまま決して使わないとしたら、それを持っているのと持っていないのとで何か違いがあるだろうか？　どんな紙切れでも良かったはずだ。しまっておくだけなら、どんな紙切れでも同じだ。

しかし、もし私がこの百ドル札を使って、それがこの部屋の中を循環するなら、そして受け取った者がまたすぐにお金を使うなら――そうやって百人の手を渡ったら――そうしたら、百ドルの百倍だ。そうしたら、それだけの富がこの部屋にあることになる。実に、守銭奴はお金の敵対者だ。彼は通貨の有用性を破壊する。彼は通貨が、流れるもの《カレンシー》であるのを止めてしまう。

◇

幸せは、いつも何かによって引き起こされる。ノーベル賞を取って、あなたは幸せになる。報酬をもらって、あなたは幸せになる。何かのチャンピオンになって、あなたは幸せになる。何かが幸せを引き起こしているわけだが、それは何かに依存している。ノーベル賞は、ノーベル委員会が決める。金メダルは、大学の金メダル委員会が決める。それは他者に依存している。

至福の喜びというのは、まったく別のものだ。それは何ものにも依存しない。それは何かを創り出す喜びなのだ。誰かがそれを評価するかどうかは関係ない。あなたは創ることを楽しんだ――それで充分、充分以上なのだ。

人々は梯子《はしご》の最上段に達すると、人生のすべてを無駄にしてしまったことに気づく。彼らは辿り着いた。しかし、そこはどこだ？　彼らはそこに辿り着くために、ずっと戦い続けてきた。――小さな戦いではなかった。死にもの狂いで戦ってきたのだ。大勢の人を打ち倒した。たくさんの人を手段として利用し、彼らの頭を踏み台にしてきた。

あなたは梯子の最上段に達したが、いったい何を得ることができたのだろう？　あなたは単純に、人生のすべてを無駄にしてしまったのだ。いま、そのことを受け入れるだけでも途方もない勇気を必要とする。まだ笑い続けて幻想の中にいた方がマシだ。そうすれば少なくとも他人は、あなたのことを凄いと信じてくれる。

◇

存在することにおいて、最も非凡なことは、平凡であるということだ。

誰もが非凡であろうとするが、それはとても平凡なことだ。しかし、平凡であってしかもそうあることに安らいでいるというのは、素晴らしく非凡なことだ。もしあなたが自分の平凡さを、何の恨みも不満もなく、あなたの存在全体の喜びと共に受け容れることができたならば、誰もあなたの至福を壊すことはできない。誰もそれを奪えない。誰もそれを剥ぎ取れない。そうなればどこへ行こうとも、あなたは至福の中にいる。

◇

誰もがあまりにユニークなので、他のみんなと同じということはあり得ない。これは誰かより優れているとか劣っているとかいうことではない。シンプルに、誰もがユニークだということだ。比較するものではないし、比較しようがない。バラは、バラであるのが完璧に美しい。蓮は、蓮であるのが完璧に美しい。草の葉は、草の葉であるのが完璧に美しい。

◇

誰かがあなたのために用意した道の上を歩くことはできない。あなたは歩いて、そうすることで道をつくらなくてはならない。すでにつくられた道があって、その上をただ歩けば良いというのではない。違う。あなたが歩くことによって、道をつくるのだ。あなたが歩けば道は出来る。そして、覚えておきなさい。それはあなただけの道だ。他の誰のための道でもない。それはちょうど、空を飛ぶ鳥が、他の鳥のための跡を何も残さないのと同じだ。空は再び空っぽになる。すべての鳥が飛べる。だが彼は、自分自身の道をつくらなければならない。

◇

独りでいることは、とても美しいことだ。侵害されることなく、誰にも踏み荒らされない。あなたが自分自身であることを妨害されない。他の人たちが自分自身であることを妨害しない。

分裂のない統合された人間は、自己充足している。彼は全体だ。私が思うに、それが彼を神聖《ホーリー》にしている――なぜなら彼は全体《ホール》だから。彼はとても満たされているので、天国のどこかで彼の面倒を見てくれる父なる神を、心理的に必要としていない。彼はこの瞬間に至福に満たされているから、誰も彼に、明日を恐れさせることはできない。統合された人間にとって、明日は存在しない。この瞬間だけがすべてだ。昨日も明日も存在しない。

◇

独りであることを受け容れなさい。あなたの無知を受け容れなさい。あなたの責任を受け容れなさい。――そして、奇跡が起こるのを見るのだ。ある日、突然あなたは完全に新しい光の中に自分を見る。まるで初めて自分自身を見るかのようだ。その日こそあなたの本当に生まれる日だ。

◇

◇

宗教とは、百八十度の転換に他ならない。――他己から自己へ。

◇

もっと気づきが深まり、もっと自然になり、もっと静かになり、もっと自分自身に安らいで、闘うことなくあるがままを開け放つことができるようになると、無意味な悪癖があなたには見えてくる。そしてシンプルに、それを続けることが出来なくなってくる。あなたがその悪癖を止めようとするのではない。その逆だ。ある日あなたはシンプルに発見する。――いったい何が起こったのだ？

かつては一日二十四時間、いつもあなたに付きまとっていた悪癖が、もう何日もなくなっている。あなたはそれを忘れてさえいた。

◇

光明を得るとは、あなたが光で満たされるということだ。そう、それは稲妻だ。外から引き起こされるのではなく、内側における爆発だ。そして突然、問題が消え、疑問が消え、探求が消える。突然あなたは故郷に帰る。初めてあなたは安らげる。どこにも行かない。初めてあなたはこの瞬間、いまここにいられる。

光明を得るとは、とてもシンプルで普通の体験だ。

大空を見れば、大空の何かが私の目によって伝えられる。星を見れば、星の何かが自ずと私の内に映し出される。私がそれを要求する必要はない。

◇

◇

もしあなたが敬意《リスペクト》を持って顧みる《するる》なら、もし振り返って見ることであなたの存在の奥深くに入っていくなら、あなたがどこで自分自身を失って自我《エゴ》を育て始めたのか、見つけ出すことができるだろう。その時こそ、あなたが光で照らされる時だ。なぜなら、自我《エゴ》とは何であるか一度見極めることができれば、そのゲームは終わるからだ。

あなたが静かになったとき、真実は、目の前にモノのようには現れない。あなたが静かになったとき、突然あなたには、あなたが真実であるとわかる。そこに見られるモノは何もない。見る者が見られる。観察者が観察される。主客の二元性は、もう存在しない。そして、そこに思考はまったくない。疑いはなく、信念もない。そこには観念がない。

◇

夢幻《ゆめまぼろし》に気づくとき、夢幻は終わる。

◇

私にそれが起こったのだから、あなたにそれが不可能なはずがない。あなたと同じように、私は平凡な人間だ。この平凡な人間にそれが起こったのならば、あなたにも起こらないはずがない。もしかしたら、あなたは少し違う角度に移動しないといけないのかもしれない。もしかしたら、少し違うメソッドを試すべきなのかもしれない。もしかしたら、もう少し長く続ける必要があるのかもしれない。もしかしたら、あなたのいる側は山道が険しいのかもしれない。しかし、それでもそれは起こるのだ！

◇

思い出してもらいたいことは、あなたの内側が祝福で満たされたとき、すべての疑問が消えるということだ。答えが得られるのではなく、消えてなくなるのだ。解けるのではなく、溶けて消える。そして、疑問がなく、疑いもなく、信念もない――だが完全に満ち足りている――そんな状態になったとき、悟りが起こる。

◇

覚えておきなさい。あなたの体験したことだけが、あなたのものだ。あなたが悟ったこと、それだけをあなたは知っている。

◇

それはほんの少しで構わない。心配しなくていい。種子というのはとても小さいが、一粒一粒に可能性が潜んでいる。それはモノではなく、前へ爆進する用意のある生命《ビーイング》だ。――それはただ、きっかけを必要としているだけだ。

◇

瞑想とか気づきとか――それはただの名前に過ぎない――その本質は、絶対的な静寂だ。あなたの内側が、まったくかき乱されず、まったく揺れ動かない状態。そしてその状態に、敬神がある。

◇

光は生じたり消えたりするが、闇はいつもそこにある。光がそこにあるとき、闇を見ることはできない。光がそこにないとき、闇が見える。だがいずれにせよ、闇はいつもそこにある。あなたが原因となって闇を生み出すことはできない。

光には原因がある。あなたが火をつけ、木を燃やす。木が燃え尽きたとき、光は消える。原因があるから光は結果だ。しかし、闇にはどんな原因もない。闇は何かの結果ではない。それは不生不滅の永遠だ。

涅槃《ニルバーナ》というのは、とてもシンプルな現象だ。それはシンプルに、自我《エゴ》という小さなロウソクを吹き消すことを意味する。すると突然……。

現実《リアリティ》は、ずっとそこにあった。しかし、自我《エゴ》というロウソクのせいで、あなたにはそれが見えなかった。いまやロウソクは消えて、現実《リアリティ》がそこにある。それはずっとそこにあった。現実《リアリティ》が失われたことは一度もない。失おうと努力してところで失えるものではない。それはまさにあなたの本性だ。どうやってそれを失うことができる？　それはあなたなのだ。あなたの存在《ビーイング》そのものなのだ。そう、せいぜいのところ、あなたはそれを忘れることができるだけだ。

さて、それが何かを達成することではないことを強調しておきたい。達成は、遠い遠い未来にある。達成は難しい。ほとんど不可能なこともある。時間がかかる。意志と自制の力が必要だ。苦闘しなければならない。しかし、違うのだ。それは何かを達成することではないのだ。あなたはそれを失ったことがない。失いたいと望んだところで、失うことなどできない。あなたがどこへ行こうと、それはあなたと共にある。それはあなたなのだ。どうやって自分自身から逃げ出せる？　逃げ出そうという努力をしても、いつもそこにあなたがいることを見い出すだろう。あなたは木や山の陰、洞窟に隠れることはできる。しかし、あたりを見回してみると、いつもそこにあなたがいるのを見るだろう。あなた自身から逃れるためにどこに行けるというのか？

だから、涅槃《ニルバーナ》というのは、闇のようなものだ。光が消えれば、そこには美と祝福と至福と共に、現実《リアリティ》がある。

◇

始めに、静寂があった。——言葉も音もなく。
途中に、静寂があった。
最期に、静寂があった。

付録

OSHOについて

OSHOについて一言で説明できるような言葉はありません。彼の数千もの講話は、生きる意味についての個人の探求から、現代社会が直面している最も差し迫った社会的・政治的課題まで、あらゆる分野をカバーしています。OSHOの本は執筆されたものではなく、原稿なしで即興的に、国際色豊かな聴衆に対して語られたことを、録音や録画を元にして文字に起こしたものです。彼は次のように言ってます。「私が語ることはいずれも、あなた方のためだけではないということを覚えておいて欲しい。未来の世代のためにも私は語っている。」

OSHOのことを、ロンドンのサンデー・タイムズ紙は「二十世紀を創った千人」のうちの一人だと評し、アメリカの作家トム・ロビンズは「イエス・キリスト以来、最も危険な人物」だと評しました。インドのサンデー・ミッドデイ紙は、ガンジー、ネルー、ブッダらと共に、「インドの運命を変えた十人」のうちの一人にOSHOを選んでいます。

OSHOは自分の仕事について、新しい種類の人間が出現するための条件づくりに貢献することだと言っています。彼はしばしばこの新しい人間を、ゾルバのようなブッダ（Zorba the Buddha）と呼びました。それは、『その男ゾルバ（Zorba the Greek）』の主人公のような地上的な喜びと、ブッダのような沈黙の静謐とを、両方とも味わうことのできる人間です。OSHOの講話や瞑想のどんな側面にも一貫しているビジョンは、過去のあらゆる時代の不変の英知と、現在および未来の最高の科学技術の可能性とを、包み込むものです。

OSHOは、現代の多忙な生活に適した瞑想法によって、内的変容の科学に、革新的貢献をしたことで知られています。彼の独創的なOSHOアクティブ瞑想《メディテーション》は、まず心と体に蓄積されたストレスを解放することによって、日常生活の中でより簡単に、静寂の中で思考から解放される安らぎの状態を体験できるように工夫されています。

OSHOインターナショナル・メディテーション・リゾート

場所

インドのムンバイから東南に百六十キロ、繁栄する近代都市プネーにあるOSHOインターナショナル・メディテーション・リゾートは、他とはひと味違った休暇先です。二十八エーカーを超えて広がるメディテーション・リゾートの壮観な庭園は、美しい並木の住宅エリアの中にあります。

OSHO瞑想《メディテーション》

あらゆるタイプの人に適した瞑想のスケジュールが、日ごとに組まれています。これには、伝統的技法と革新的技法の両方が含まれており、また特に、OSHOアクティブ瞑想《メディテーション》が含まれています。瞑想が行われるOSHOオーディトリアムは、おそらく世界最大の瞑想ホールでしょう。

OSHO総合大学《マルチバーシティ》

個人セッション、各種のコース、ワークショップがあり、その分野は、創造的な芸術、ホーリスティック健康学、個人の変容、人間関係と人生の変遷、生活と仕事への瞑想の応用、秘教的な科学、スポーツとレクリエーションに対する禅的アプローチなどを網羅しています。すべてのプログラムが、瞑想と関連付けられており、人間は部分の寄せ集めを遥かに超えた存在であるという理解を裏付けていることが、OSHO総合大学《マルチバーシティ》の成功の秘密です。

OSHO芭蕉《バショウ》スパ

豪華な芭蕉《バショウ》スパは、木々と熱帯の緑に囲まれた、ゆったりとした屋外の水泳プールを提供しています。ユニークなスタイルの広々とした泡風呂、サウナ、ジム、テニスコートなどのすべてを、素晴らしく美しい環境がさらに魅力的なものにしています。

料理

多種多様な食事エリアでは、西洋、アジア、インドのおいしいベジタリアン料理が提供されます。ほとんどの食材が、このリゾートのために特別に有機栽培されています。パンとケーキは、リゾート内のベーカリーで焼かれています。

ナイトライフ

夜のイベントはたくさんあります。一番の人気はダンスを踊ることです！ その他には、満月の夜の星空の下での瞑想や、バラエティーショー、音楽のパフォーマンス、それから日々の瞑想などがあります。あるいは、プラザ・カフェで人と会って楽しむこともできるし、おとぎ話のような環境にある庭園の夜の静けさの中で散歩を楽しむこともできます。

設備

基本的な生活必需品と化粧品類はすべて、ガレリアで買うことができます。OSHOマルチメディア・ギャラリーでは、OSHOの書籍やDVDなどが幅広く売られています。また、銀行、旅行代理店、そしてインターネットカフェもあります。ショッピング好きの方のためには、伝統的で異国情緒あふれるインド製の商品から、世界的なブランドのお店まで、プネーにはあらゆる選択肢が揃っています。

宿泊

OSHOゲストハウスの洗練された部屋に宿泊することができるだけでなく、長期滞在の場合は、OSHOリビング・イン・プログラムのパッケージから一つを選ぶこともできます。また、近隣には、多種多様なホテルや家具付きアパートもあります。

www.osho.com/meditationresort
www.osho.com/guesthouse
www.osho.com/livingin

さらに詳しく

さらに詳しい情報については、次のウェブサイトをご覧ください。

www.OSHO.com

多言語に対応した総合的なウェブサイトです。雑誌、書籍、録音録画されたOSHOの講話、OSHOライブラリの英語とヒンディー語の文書アーカイブ、OSHO瞑想《メディテーション》についての広範な情報を含みます。また、OSHO総合大学《マルチバーシティ》のプログラム・スケジュールと、OSHOインターナショナル・メディテーション・リゾートの情報も掲載されています。

ウェブサイト

http://OSHO.com/AllAboutOSHO
http://OSHO.com/Resort
http://youtube.com/OSHO
http://twitter.com/OSHO
http://facebook.com/OSHO.international

OSHOインターナショナル財団へのお問い合わせ

oshointernational@oshointernational.com

訳者あとがき

本書は、二〇一五年にOSHO Media Internationalから出版された"*Words from a Man of No Words*"の全訳です。もともとは、一九八九年にThe Rebel Publishing Houseから出版されたものですが、翻訳にあたってこちらの版は参照していません。

アメリカのオレゴン州において英語で行われた一九八四年の十月三十日から十二月二十九日に渡る講話からの抜粋によって、本書は構成されています。この講話は、OSHOの残した膨大な量の講話の中でも、特別に重要な意味を持っています。三十年以上に渡ってほぼ毎日長時間の講話をこなしてきたOSHOには、三年半の沈黙を守った例外的な時期があるのですが、それがちょうどこの講話の直前に当たるのです。しかも、他の講話は、東洋の偉大な思想家——ブッダ、老子、達磨大師など——を紹介する形で行なわれることが多かったのに対して、この講話では、直接的にOSHO自身の思想が語られています。

長い沈黙を破って、自分の思想を直接的に語り出した重要な講話の中から、さらに最重要部を抜き出して本書はまとめられています。講話からの抜粋によって一冊の本を編むように指示したのは、OSHO自身だったとのことです。本書はまさにOSHOの思想の、核心中の核心です。初めてOSHOを読む人にはもちろんのこと、OSHOに長年親しんできた人にも、本書をお薦めします。長大な講話の中ではむしろ見つけ出すことのできない美しいダイヤのような結晶がここにはあります。

OSHOの人物については、どう紹介したら良いのか私には分かりません。偉大な真理というのは逆説的に満ちているものだと彼は説いていましたが、彼の生涯もまた逆説に満ちています。人物紹介は私の手には余ります。

そもそもOSHOの思想を知るためには、彼の伝記的な知識を何も持たずに、直接その思想に接することが理想的だろうと私は思っています。私自身が、初めてその思想に触れたときもそうでした。もう十年以上昔のことになりますが、古本屋で哲学書に混ざって置かれていたOSHOの本を、たまたま手にとって読んだのでした。

OSHOの言葉は、他の思想家たちとは全然違っていました。イメージ豊かでまるで詩のようでした。一読したときは非常に親しみやすく感じたのですが、その深遠さに気づいて目を見張る思いをしたのは、何度も読み返した後でした。しかも、それは読めば読むほど深みを増していきます。私の知る限り、こんな思想家は他にはいません。他の思想家の場合は、難解な表現で飾られた言葉を苦労して読み解いて行っても、魂に触れるものがなくて物足りない感じがするのが常でした。

今回の翻訳には、かなり長い時間をかけています。字面だけの翻訳にならないように、OSHOの言葉の一つ一つが私の心に響くのを待ってから、心に響いたそれを日本語で表現するように心掛けました。また、誤訳や解釈の偏りを避けるために、すべての文章を二人で翻訳するようにしました。共訳者の庄司純さんのおかげで、翻訳の質をかなり上げることができたと思います。

数行の断片を日々少しずつ翻訳していく作業は、私にとってはまるで瞑想でした。一切の無駄が削ぎ落とされている本書のスタイルは、ゆっくりと何度も繰り返し読むのに適しています。翻訳のために何度も同じ文章を読み返しましたが、決して飽きることがありませんでした。

OSHOの講話の翻訳は、これまでに他社から何冊も出版されていますが、従来の一般的な翻訳とは異なる訳語を採用した箇所が、本書にはいくつかあります。それらは、OSHOを理解するための最重要語を含むので、以下に説明していきます。

まずMindについてですが、これは一貫して「思考《マインド》」と訳しました。他書では、「マインド」と翻訳されるか、あるいは「心」と翻訳されることが多いようです。しかし、本書ではHeartの訳語として「心《ハート》」を使っています。

思考《マインド》と心《ハート》の違いは何かというと、思考《マインド》は考える機能で、心《ハート》は感じる機能だということです。場所でイメージするなら、思考《マインド》は脳のある頭で、心《ハート》は心臓のある胸です。

思考《マインド》中心の生き方から、心《ハート》へと移行するべきことをOSHOは説いています。これは分かりやすく言うと「考えるな、感じろ」ということです。しかし、OSHOの思想において最も重要なのは、思考《マインド》から心《ハート》への移行ではなく、心《ハート》よりもさらに深いBeingへの移行です。

Beingについては、「存在《ビーイング》」という訳語で統一しようとしたのですが、それではしっくりこない箇所がありました。他書では「実存」などとも訳されていますが、こうした生硬な哲学用語では

OSHOの説くBeingの活き活きとして歓喜に溢れる感じが失われてしまいます。それで、本書では「生命《ビーイング》」と訳しました。生命といっても、死んだら空に昇っていく霊魂のような実体だとか、生存を成り立たせている機能だとかを思い浮かべてもらっては、翻訳者としてはちょっと困ります。そういった存在者ではなく、存在そのものが生命《ビーイング》なのだと理解していただきたいです。

本書では省かれている箇所ですが、元の講話の中でOSHOは、Beingのことを、Life source（生命の源）であると説明しています。「生命《ビーイング》」という翻訳は、根拠のないデタラメではありません。Existence（存在）と、Being（存在、在り方、生命）と、Life（生命、生、人生）は、重なり合うところの多い概念なのだと言えます。

存在《ビーイング》の真実は、思考《マインド》によって覆い隠されてしまっているため、普通には見ることができません。思考《マインド》の覆いを取り除くために必要なのが、瞑想であり、気づきです。

このことを踏まえて、文脈に応じてDiscoverを「覆いを取り除いて発見する」と翻訳しました。Discoverは語源的に、覆い（cover）を取り除く（dis）という意味があります。

同様の理由から、Revealについても「覆い隠されていたものを露《あら》わにする」と翻訳してあります。こちらは語源的に、ベール（veil）を取り去って元に戻す（re）という意味です。

鋭い言語感覚を持つOSHOの言葉は、辞書的な翻訳では意味が通じず、語源まで考慮する必要がある場合が多々あります。ReactとRespondの翻訳もそうです。本書ではそれぞれ、「同じ反応《リアクト》」と、「状況にふさわしい応答《レスポンド》」と訳し分けてあります。OSHOが説いているのは、無意識的に同じ反応《リアクト》するのではなく、気づきを持って状況にふさわしい応答《レスポンド》をせよ、ということです。

Reactは語源的に、再び（re）行動する（act）という意味にとれます。社会的に刷り込まれたパターンに従って、気づきのないままに、同じ反応を繰り返してしまうことが、Reactです。もしくは、与えられた刺激に対して、条件反射的な行動をしてしまうことがReactだといえます。

Respondは語源的に、〜に対して（re）答える（spond）という意味にとれます。相手や状況に応じたふさわしい対応を、気づきのある意識によって行なうのが、Respondです。

ちなみに、Respondすることのできる能力が、Responsibility（責任）です。「すべての責任はあなたにある」とOSHOは説いていますが、彼の説く責任は、気づきを持って状況にふさわしい応答《レスポンド》をできる能力を得ることと関連しています。間違いや過失を咎めるだけの、日本にありがちな自己責任論とは異なるものです。

Individualityについては、「個としての本性《インディビジュアリティ》」と訳しました。語源を考慮すると、Individualityには、分裂し得ない個、という意味があります。他書では「個性」と翻訳されることが多いようです。

しかし「個性」という訳では、OSHOがIndividualityという言葉に託している深い意味を、充分に表現できません。世間で「君は個性的だね」などと言われるのは、たとえば派手な髪型をしてるとか珍しい服装をしているときですが、OSHOが意味しているのは、こういう薄っぺらい表面的な個性ではなくて、もっと深い、もっと本質的なものです。「個としての本性《インディビジュアリティ》」という訳語をIndividualityにあてたのは、そのためです。

本書ではPersonalityの訳語として、「個性《パーソナリティ》」をあてています。Personalityには、ペルソナ、つまり仮面の意味があります。これは社会の中での仮面を付けて生きている姿、社会的な役割やキャラクターを演じている姿のことです。

世間で「個性」と呼ばれているものは、実のところ、表面的な仮面に過ぎません。OSHOが言うように、これまでどの社会も「まるで個性《パーソナリティ》が、個としての本性《インディビジュアリティ》であるかのように欺いてきた」わけです。Personalityは、「性格」や「人格」などと訳されるのが一般的ですが、「まるで性格が、個性であるかのように欺いてきた」という訳では意味が通じなくなってしまいます。

Personality と Individuality の違いは、Ego と Self の違いに、ほぼ対応しています。Ego は表面的な仮面です。いわばニセモノの自分です。Self は、本当の自分のことです。これを真我、大我、本来の面目などと呼ぶこともできるでしょう。「自分とは何か？」という問いで探求するべきは、Ego ではなくて Self の方です。

本書では、Ego を「自我《エゴ》」、Self を「自己《セルフ》」と翻訳しました。これについては、トランスパーソナル心理学やユング心理学などとも共通する一般的な翻訳に従っています。

また、Oneself や Yourself のように語尾に Self が付いている語は、「自分自身」や「あなた自身」というように「～自身」と訳すようにしました。語尾からも伺えるように、これらは基本的に、自己《セルフ》に対応しています。

Selfishness については、「自己中心的《セルフィッシュ》」と訳しました。自己中心的ということは世間では否定的に捉えられることが多いですが、OSHO は自己中心的《セルフィッシュ》であることを肯定しています。自己中心的《セルフィッシュ》というのは、自己《セルフ》に関わるものであって、自我《エゴ》に関わるエゴイズムとは異なるからです。

「反逆的精神を持て、まずは自己中心的《セルフィッシュ》になれ」と OSHO は説いていますが、これが意味するのは、エゴイスティックな反逆者となれということではありません。そうではなくて、社会に盲従することなく、真の自己に目覚め、真の人間性をどこまでも尊重しなさいということです。これに関するひどい誤解が昔からあるようなので、特に注意を促しておきたいと思います。

以上、どのような理解に基づいて本書を訳したのか説明してきました。本書を読む上で、理解の手掛かりになるものが含まれているのではないかと思います。

この翻訳によってOSHOの思想が、より多くの読者に理解されることを願っています。その理解は、読者をより豊かな人生へと導くに違いありません。この本には間違いなく、人生を変えるほどの力があります。翻訳をしながら、私はずっとその力を感じていました。読者の皆様にも、それが伝わりますように——。

中原邦彦

瞑想録 静寂の言葉

2019年11月22日　初版発行

著　者——OSHO
訳　者——中原邦彦、庄司純
装　丁——熊坂デザイン／クマサカユウタ
発行者——中原邦彦
発行所——季節社
〒603-8215 京都府京都市北区紫野下門前町52-2 大宮通裏
電話：050-5539-9879　FAX：050-3488-5065
http://www.kisetsu-sha.com
印刷製本——株式会社シナノパブリッシングプレス

ISBN978-4-87369-102-2